CONFERENCE ACADEMIQVE.

SVR LE DIFFERENT DES BELLES LETTRES DE NARCISSE ET DE PHYLLARQVE.

Par le sieur DE MVSAC.

A PARIS,
Chez IOSEPH COTTEREAV, ruë
S. Iacques à la Prudence.

M. DC XXX.
Auec Priuilege du Roy.

LE LIBRAIRE AV LECTEVR.

Ette Conference, Lecteur, a esté long-temps à l'ombre : Elle couroit escrite seulement à la main parmy les personnes curieuses, comme a faict durant quelques iours *la Conformité* de F. A. Il en est par bonne rencontre venu vne copie en

A ij

ma puissance, mais si remplie de fautes, & aux mots, & au sens, qu'à peine la pouuoit-on entendre. Par le trauail d'vn de mes amis elle a esté renduë assez nette & assez claire pour estre communiquee au monde. Tu cognoistras en la lisant qu'elle a esté faicte deuant la mort de Phyllarque, mais si la grace de la nouueauté luy manque celle de la solidité suppleera au deffaut. Ioüis donc à ton aise, Lecteur, de la peine que i'ay prise pour te faire voir vn diuertissement si

AV LECTEVR.

agreable, & sçache moy gré de l'auoir retiré de la poussiere pour le faire paroistre deuant tes yeux en assez bon equipage. C'est la recompense que ie veux de toy par dessus le marché de ce Liure.

Au reste ie n'ay rien pû apprendre du nom ny de la qualité de l'Autheur, qui se nomme Musée en cet ouurage, sinon (encore auec incertitude) que c'est vn Gentil-homme de Bourgongne, appellé le sieur de Musac.

AV LECTEVR.
C'est tout ce que i'en sçay.
Adieu.

EXTRAICT DV
Priuilege du Roy.

Par grace & Priuilege du Roy, il est permis à IOSEPH COTTEREAV Marchand Libraire à Paris, d'imprimer ou faire imprimer pendant le temps & espace de six ans, à la charge de mettre deux exemplaires en nostre Bibliotheque, vn Liure intitulé: *La Conference Academique du Sr de Musac*. Auec deféces à toutes personnes de quelque qualité & condition qu'elles soient, Libraires, & autres, de l'imprimer, ou faire imprimer, vendre, ny distribuer d'autres que de ceux qui auront esté imprimez dudit COTTEREAV, à peine de tous despens, dommages, & interests, & de mil liures d'amende. Voulant en outre, que mettant au commencement ou à la fin dudit Liure ces presentes, ou vn extraict d'icelles, qu'elles soient tenuës pour signifiees & venuës à la connoissance de tous. Car tel est nostre plaisir. Donné à Paris, ce 23. d'Octobre 1629. Et de nostre regne le vingtiesme.

Par le Roy en son Conseil.

DE LA ROBERTIERE.

CONFERENCE ACADEMIQVE.

PREMIERE PARTIE.

PARIS est le centre où se terminent toutes les lignes de la circonference de cet Estat. C'est le cœur qui anime le corps de cette Monarchie. Mais le Roy est l'ame de ce cœur, qui ne tire sa vie que de la presence de son Prince. Ce trosne de nos Monarques n'estant pas remply de son Salomon qui regne sur les lys, aussi-tost cette superbe Cité,

A

qui n'a point sa pareille sur la terre, demeure languissante, &, comme les plantes en hyuer, elle est despoüillee de tout son ornement. Quand le Soleil de la Royauté s'escarte des beaux images de ce doux fleuue qui baigne les hautes murailles de ce petit monde, il semble que les tenebres couurent la face de cet abysme, & que cette Reine de nos villes demeure veuë, soudain qu'elle a perdu de veuë celuy qui y paroist comme vn Espoux bien paré sur son lict de Iustice, & qu'elle cesse de paroistre vn Paradis lors que celuy qui luy represente la viue image de Dieu ne luy communique point sa lumiere. Ce beau Firmament de la terre depuis le regne de nostre Iuste Louys n'auoit point souffert de si longue eclipse que celle que luy a fait sortir le grand & memorable siege de la Carthage de cet Empire, la Capitale des Villes rebel-

I. Partie. 3

les. Durant ce long & fascheux esloignement ie me trouuay en cette grande Niniue où il sembloit que Ionas eust presché la penitence. Ce n'estoient que deuotions & prieres publiques. Ces deux admirables Reines plus grandes encore par l'exemple de leur saincte vie, que par l'eminence de leur dignité chargeoient les Autels de vœux priant sans cesse pour la prosperité des armes, & la conseruation de la personne sacree de leur vnique Louys. Le peuple se mirant dans ces deux belles pierres glacees taschoit d'imiter leur Pieté, & se fondant en larmes & en souspirs deuant Dieu pour le salut de son Roy faisoit vne foule & vne presse qui arriuoit iusques à la riue de l'Autel. Que de Moyses leuoient les mains au ciel tandis que nostre Iosué combatoit non moins par l'esclat & la lumiere de sa vie que par sa patience & sa valeur les

A ij

ennemis de Dieu, de son Eglise & de sa Couronne. On ne voyoit presque plus d'espee parmi cette grande Cité, sinon aux boutiques où elles se vendent, tous ceux qui font profession de les porter estans courus à cette honorable occasion, où le seruice de Dieu vni auecque celuy du Prince rendoit les playes desirables & la mort precieuse. Ou se trouue le corps de la Royauté là s'assemblent lés aigles, & les braues courages n'ont garde de manquer aux rencontres ou l'on peut moissonner de la gloire. Il ne restoit à Paris que ceux qui dediez aux fonctions de la Iustice & de la paix ont renoncé pour l'oliue aux lauriers & aux palmes. Apres les exercices de pieté qui esleuoient les ames à Dieu, & mettoient leur conuersation dans le ciel, si quelquefois ces oyseaux de Paradis replioient leurs aisles & descendoient en terre, tout leur entretien estoit ou de ce qui se passoit sur le theatre de ce siege de la Roche rebelle, parce que leur cœur frotté de l'ayman de la Royauté se retournoit sans cesse vers ce Nort, ou si quelque plus agreable diuertissement destournoit leurs esprits de ces pensees de guerre & de reuolte c'estoit celuy des Lettres & le doux amusement des Muses. Ie parle de ceux qui n'estans point occupez, où plustost engloutis dans les affaires respirent vn air plus libre & meinent vne vie douce dans vne condition plus tranquile. La bonté de Dieu m'ayant fait de ce nombre & donné vn gracieux loisir dans vn employ beaucoup plus honorable que ie ne merite, au temps qui me restoit de mes occupations ie pouuois sans incommodité voir assez souuent mes amis & souffrir leurs reciproques visites. Et parce que outre mon inclination particuliere qui est vehemente pour les liures, l'estat de ma vie m'oblige à en rechercher l'vsage, mon plus agreable diuertissement est parmi des Librairies dont ie souhaite la veuë auecque beaucoup de curiosité. Mais beaucoup plus la conuersation des Bibliotheques animees, ie veux dire des personnes sçauantes de qui l'on apprend dauantage en peu d'heure que par vn grand tracas de lecture & vn trauail ennuyeux. Car si les Loix & les Ordonnances qui sont mortes sur le papier, sont viuantes en la bouche des Magistrats qui en sont les organes & les interpretes. On peut dire que le sçauoir qui se tire des Liures est comme mort, comparé à celuy qu'on recueille de ceux qui ont, ou la science, ou le don de la science. A raison dequoy vn Ancien Roy appeloit les Liures ses Conseillers morts, muets, & sans passion, pour les distinguer de ceux qui luy donnoient des conseils animez de la vivacité de l'action & de la raison assistee du mouuement & de la parole. Et certes on ne peut nier sans renuerser l'experience que la viue voix n'ait vne certaine vigueur cachee selon les termes d'vn Pere de l'Eglise qui frappe l'esprit par le sens de l'ouye auecque beaucoup plus d'effect, qu'il ne l'est par vn escrit qui se coule dans la pensee par la veuë. Car encore que le poids des raisons, la lumiere du stile & l'ornement des paroles bien arrangees passe dans l'ame de celuy qui lit & fasse d'assez fortes impressions sur son iugement, si est-ce que cela n'a rien de comparable au transport excité par vne vehemente action qui traine celuy qu'elle entreprend par tout où elle veut le plie à son plaisir & luy fait prendre le parti où elle panche. C'est ce que disoit vn Orateur Ancien à ceux qui lisans vne Harangue d'Æschines n'auoient que des admirations en la bouche, quels rauissemens eussiez-vous ressentis si vous l'eussiez ouy tonner, & veu du milieu de ses leûres sortir les esclairs & tomber la foudre. Or c'est vne chose fort commune dans Paris que de rencontrer en mesmes lieux les Bibliotheques mortes & animees. Car les studieux ne sont pas moins amoureux des Liures que les Abeilles des fleurs, & vous les voyez par essains qui bourdonnent doucement parmi les Librairies, & qui se ramassent sur les rayons de miel qui sont les escrits des bons Autheurs dont ils font leurs delices & leur nourriture plus aymee. Auec cette difference, toutesfois que les Abeilles ne font point leurs assemblees aux lieux où il y a du resonnement & des rebattemens d'ecos, au lieu que les lettrez se plaisent aux contrepointes, & à aiguiser & subtiliser leurs esprits par la dispute, faisans à plaisir naistre des difficultez pour auoir occasion de faire des partis & des querelles d'autant plus agreables quelles sont moins sanglantes. Et certes ce païs qu'on nomme l'escole où se cultiuent les arts, & où il n'y a iamais, ny paix, ny treues, n'est-ce pas celuy de cette Salamite en qui le sainct Espoux dit qu'on ne void que des bataillons de Chantres, & des cœurs de combattans. En cela semblables aux Abeilles qui font de leur aiguillon, & leur trompette pour arriuer au combat, & leur espee soit pour attaquer soit pour se deffendre. Ceux qui aiment l'estude n'ont point d'autres armes que leur langue dont ils soustiennent leurs opinions, & taschent de renuerser les raisons qui leur sont contraires. Que si pour les rendres plus fortes on apporte l'authorité des Anciens; c'est vne belle chose d'auoir en main les titres qui iustifient ce qu'on auance. J'ay donc ce me semble grande raison de comparer vne belle Librairie ou se rencontrent de beaux esprits à vn agreable parterre diuersifié de toute sorte de fleurs & de compartimens ou voltige vn essain d'Abeilles qui là-dessus cueillent leurs rayons & puis conseruent auec l'aiguillon. Et comme il arriue quelquefois des seditions, des reuoltes, & des guerres ciuiles parmi ce petit peuple qui donne des combats, que ceux qui les gouuernent escartent & dissipent auec vn peu de poussiere ou de bruit, aussi parmi les gens de Lettres il se forme quelquefois des partis & des factions, soit sur le fonds des sciences, soit sur les arts qui portent le nom de Liberaux, d'où il arriue que les esprits partagez & diuisez en viennent au bec & à la plume comme des oyseux, & apres beaucoup de rumeur & de contradictions il en prend comme

I. Partie.

des tempestes & des vagues de la mer qui se rompent auprès d'vn peu de sable, & de tant d'orages, de tourmente ne laissent qu'vn peu d'escume qui est le ioüet du vent. Or si c'est vne chose agreable de voir du faiste d'vn rocher qui panche sur le riuage la mutinerie des flots qui s'esleue contre la colere des airs. Il n'y a pas moins de plaisir à considerer les contestations des esprits studieux lors que les suiets dont ils sont en dispute ne sont point des meurs ny de la foy, mais regardent les arts, dont la cognoissance moins serieuse apporte plus de plaisir que de profit, & plus d'ornement que de solité aux esprits qui s'y exercent. De ce genre sont les Mathematiques, l'Histoire, la Poësie, l'Eloquence, & ces Lettres que l'Escole appele Humaines, & que les plus polis honorent du nom de Belles.

Vn Conseiller du Parlement qu'y-

Contraste insuffisant

NF Z 43-120-14

ne ancienne amitié me lie autant que la consanguinité nous vnit, à vne tresbelle & curieuse Bibliotheque accompagnée de tant d'autres raretez singulieres que plusieurs desirent estre introduicts en ce seiour des Muses & des deux amusemens, tant pour contenter leurs yeux des gentillesses qui s'y remarquent comme pour satisfaire à leurs esprits, qui y trouuent des pieces d'estude que difficilement on rencontreroit ailleurs. I'y allois quelquesfois non pour perdre vainement, mais employer vtilement de fort bonnes heures; & outre les obiects qui y repaissent les yeux, soit par la lecture des Liures excellens & de toutes les sortes, soit la veuë des singularitez estranges & diuerses, i'y estois bien autant attiré par l'oreille, tant par les concerts de Musique de voix & d'instrumens qui s'y font assez souuent, que pour y entendre les entretient studieux de plusieurs beaux esprits qui comme des oyseaux choisis & renfermez dans vne grande voliere y faisoient entendre vn agreable ramage, & vn concert de differentes pensees qui passe toute harmonie. Ce Senateur que nous appelerons Cristobule est des plus estimez de sa compagnie, soit que l'on considere l'integrité d'vn Iuge incorruptible, & qu'on peut peindre comme ceux de l'Areopage sans mains & sans yeux, soit que l'on ait esgard à la profondité de sa doctrine qui le rend des plus versez en la science des Loix, & au maniment des affaires de Iustice dont il fait profession, soit qu'on le regarde comme mariant la pieté à l'equité, auec vn tel accord que celle-cy semble n'estre que le corps dont l'autre est l'ame. Soit que l'on prenne garde aux euenemens des arts dont il polit son esprit & ses mœurs auec tant dauantage que ces accessoires illustrent, le principal en la mesme sorte qu'vn tableau se releue par son enchassure, l'or & la pierrerie par l'esmail, & vne beauté naturelle par des vestemens magnifiques. Particulieremēt il a de la passion pour les belles Lettres, & il est si amoureux de l'Eloquence que pour vne piece de cette sorte qui soit bien faicte il donneroit toutes les richesses & les curiositez de son cabinet. A raison dequoy non content de ramasser tous les tresors les plus curieux de cette sorte d'estude, soit imprimez, soit escrits à la main, il a encore vne particuliere complaisance à ouyr parler les esprits qui se delectent & s'estudient à cet exercice qui releue autant les hommes par dessus leurs semblables, que l'animal raisonnable est esleué au dessus des animaux qui sont priuez de la raison. Et à dire la verité si nous ne differons des bestes que par la faculté de raisonner, & si cette faculté ne se manifeste que par la parolle, il faut auouër que celuy qui exprime le mieux ses sentimens & en meilleurs termes à vn merueilleux auantage sur le reste des autres hommes. Ce sont ces chaisnes inuisibles dont l'Hercule Gaulois attachoit à sa langue les oreilles de ceux qui l'escoutoient. Ce sont ces propos plus coulans & plus doux que le laict & le miel qui sortoient de la Bouche de l'Ancien Nector, & qui distilloient de la langue de la saincte Espouse dans son diuin Epithalame. Et encore que Critobule aymast generalement tous les discours qui se mettoient sur le tapis par les sçauans qui le frequentoient, laissant chacun en la liberté de son genie affin qu'il parlast selon l'abondance de son cœur de ce qui luy estoit plus agreable, neantmoins comme, en vn grand banquet entre diuerses

viandes il y en a tousiours quelques vnes qui reuiennent le plus à nostre goust, & comme entre les fleurs les couleurs, les pierreries, & les beautez il y en a de particulieres ou nos yeux trouuent plus de complaisance. Aussi parmi les arts & les sciences il y en a tousiours quelqu'vne qui nous est plus cherie & qui nous est ce que Ioseph & Benjamin estoient à Iacob, ce que Salomon à Dauid entre vn grand nombre d'enfans. L'Histoire, la Poësie, & l'Eloquence estoient les plus cheres Muses de Critobule, & comme l'on parle le plus de ce que l'on aime dauantage à cause de la secrette vnion qui est entre le cœur & la langue. Il oyoit de bon cœur les Conferences qui se tenoient sur les stiles, les façons de s'exprimer, les bonnes & mauuaises dictions, la proprieté des termes, l'vsage de parler en nostre langue, la netteté, force, pureté, douceur, polis-
sence,

I. Partie.

fence, aiencement, maiesté, & pompe du discours, bref sur les perfections ou deffauts de nostre langage. Sous la creance qu'il auoit que hors la langue Latine qui n'est en aucun lieu particulier parce qu'elle se respand par tout à cause de ses regles generales & de ses principes qui sont certains, nous ne pouuons estre eloquens qu'en l'idiome du païs ou nous prenons nostre naissance en nostre nourriture. Au moyen dequoy il prenoit vn singulier plaisir qu'on l'entretint de cet agreable diuertissement pour deslasser son esprit surchargé d'vne grande multitude d'affaires qui l'assiegeoient de tous costez. La ressemblance des inclinations dont la force passe iusques aux animaux assemblant en l'air, en l'eau & sur la terre, ceux qui ont de la simpathie le faisoit rechercher à ceux qui estoient frappez à mesme coin, & il les receuoit auecque des ac-

B

cueils si obligeans & si charmans que l'ombre gris n'attire point tant de poissons autour de la baleine, ny le parfum de la Panthere tant d'animaux à sa suitte, qu'il y auoit de personnes studieuses & amoureuses des belles Lettres qui se pressoient pour iouïr de sa conuersation & pour ouir ses sentimens qui passoient tousiours pour des oracles plustost que pour des Arrests ou des causes iugees. Il se conduisoit neantmoins en ces Conferences Academiques auec tant de prudence, & il mesnageoit auecque tant de iugement & d'addresse la bonne opinion que les esprits qui l'abordoient auoient de la force du sien que sans aspirer à la tyrannie, il regnoit d'vne main si languide & si paisible que sans presser ceux qui l'escoutoient il les gaignoit insensiblement & leur faisoit volontairement quitter leurs opinions pour embrasser la sienne, tenant à plus de gloire d'estre vaincus par sa douceur que de vaincre par leur opiniastreté. A n'en mentir point il faut auoüer que le mesme rang que tient le iugement sur les facultez de nostre ame, le iudicieux le possede sur les autres hommes, & il est comme le maistre du chœur qui bat la mesure & donne les tons en vn concert de Musique. Le contentement que ie receuois à iouïr de la douceur de ces reduits studieux ou se disoient tant de gentilles choses sur des matieres gracieuses m'attiroit fort souuent en ce lieu là ou i'estois receu pour parent & pour amy auecque des ciuilitez & des sinceritez qui tesmoignoient vne affection cordiale & vne charité non feinte. La verité des propositions qu'on y faisoit s'esclaircissoit par de douces contestations en la mesme façon qu'vn fer se polit par vn autre, & si du choc des cailloux il naist des estincelles des discordans accords qui se formoient dans les disputes & dans les auis contraires sortoient des lumieres qui donnoient de viues cognoissances. Là les choses serieuses & graues estoient meslees de ioyeuses & delectables pour accomplir cette perfection du Poëte qui ioinct le plaisir à l'vtilité. Les pauses & les intermedes estoient les nouuelles du monde qui donnoient encore lieu aux diuers iugemens, chacun prenant part aux interests du public comme faisant vne partie du tout, & vn des membres du corps de la Republique. C'est vne passion si generale & si commune que mesme les plus stupides esprits en sont touchez, & ceux qui ont renoncé à toutes les pretentions & les vanitez du siecle se laissent encor aller au branste & au mouuement de l'Estat, comme estans embarquez dans vn vaisseau, où bien que chacun ne gouuerne pas, chacun pourtant à soin de sa bonne conduitte & à suiet d'en apprehender le desbris & le naufrage. Vne fois que le bruit estoit grand du secours que l'Anglois amenoit à la ville assiegee auec vne puissante flotte chacun en parloit selon sa fantaisie & tous les entretiens n'estoient que de cela, & comme les oyseaux & les abeilles se cachent dans leurs nids & dans leurs ruches lors que le ciel tonne & menace de tempeste, aussi les esprits allarmez s'entrecherchoient pour se fortifier & se garantir de la peur estans en compagnie. C'estoit lors que le commerce des Muses, des Liures & de la conuersation estoit de requeste pour charmer tāt de cuisans soucis, estant asseuré que les fortunes des particuliers sont en mauuaise assiette dans les calamitez publiques. Ce fut en ce temps-là que plusieurs que i'auois veu beaucoup de fois chez

Critobule, dont quelques vns estoiët de nos communs parens se rencontrerent dans sa Bibliotheque, leur rendez-vous ordinaire, sans autre dessein que de s'entretenir sur ce qui se passoit dans le monde. Et comme ceux qui font la mesnagerie des vers à soye sçachant que ces petites bestes craignent si fort le bruict du tonnerre que souuent elles en meurent, font des bruits resonnans aupres d'elles pour les empescher d'entendre celuy qui se fait dans les nuees. Aussi pour se diuertir de la fascheuse pensee de ce fleau estranger qui menaçoit nostre terre, quelques vns proposerent de mettre en ieu quelque suiet de contention qui fust agreable & qui seruit de fondement à cette conuersation. Mais si la langue court d'elle mesme, dit le prouerbe Toscan, à la dent qui fait mal, elle se porte bien plus promptement aux propos des afflictions qui preſſent, & quoy que l'on faſſe & que l'on die de ioyeux & de recreatif deuant vn malade il eſt mal-aiſé qu'il en perde le ſentiment de ſon mal s'il eſt vehement. Toutesfois Coronat ieune financier d'vn tres floriſſant eſprit & parent bien proche de Critobule, trouua vn moyen fort plaiſant pour ioindre les nouuelles qui couroient, & dont toutes les bouches & les oreilles eſtoient pleines, auec vne autre querelle qui n'eſtoit pas lors moins commune entre les Orateurs que la guerre dans le païs d'Aunis. Mais auparauant que ie vous face le recit d'vn ſi memorable & gracieux rapport, il eſt beſoin que vous cognoiſſiez les perſonnes qui ſe trouuerent en cette Conference Lettree, & que vous ſçachiez leurs qualitez affin que vous leur ayez le reſpect & la creance que merite leur capacité. C'eſtoient tous eſprits gentils & d'elite qui auoient ioinct vn monde d'eſtude à l'eſtude du monde, & qui ne s'arreſtans pas à vne ſimple Theorie qui rend quelquefois ridicules & ineptes les plus grands Clers, reduiſoient en action & en practique ce qu'ils auoient appris dans le commerce des Liures. Vn ieune Conſeiller digne fils d'vn pere de meſme condition qui auoit eſté en ſon temps vn flambeau en doctrine & vne des claires lumieres du Parlement ſe trouua en cette aſſemblee, nous voylerons ſon nom ſous celuy de Seuole. Prudence auſſi Aduocat de moyen aage & qui reüſſiſſant au barreau pour la viuacité de ſon eſprit & ſon bien dire, auoit negligé d'acheter aucun office content de cette condition plus vtile que releuee, mais touſiours fort honorable puis qu'elle remplit d'honneur & de gloire ceux qui l'exercent auec eſclat & reputation. Il y en auoit

I. Partie. 25

encor vn autre de mesme qualité qui qui receu en la suruiuance de l'estat de son pere en vne compagnie souueraine n'attendoit que le temps determiné par ce bon homme pour entrer en sa place & quitter la barre où il s'exerçoit quelquefois plus pour monstrer la beauté & fertilité de son esprit que pour dessein de vieillir en ce penible exercice, cetui-cy se fera tantost cognoistre sous le nom de Florent. Vn Secretaire du Roy que nous appelerons Nectare fut de ce reduict, c'estoit vn esprit delicat & qui faisant parfaictement bien des vers faisoit estat de raffiner sa prose & de frequenter cette Academie de Puristes, dont les arc-boutans font profession de reprendre tout le monde, ne faisant presque rien de peur d'estre suiets aux censures de ceux qui ne manqueroient pas de leur rendre leur change s'ils produisoient leurs Lettres. Vn

Ecclefiaftique de marque & pour fa naiffance & pour fa qualité d'Abbé qui l'appele encore plus outre, & pour la fcience qui accompagne fa pieté fe trouua en cette belle affemblee où il aura le nom de Victor, & moy le dernier & le moindre de tous en toutes les façons & d'efprit & de merite, i'y prendray celuy de Mufee comme approchant de celuy que ie porte, & ayant à mon auis vn air Academique & propre à celuy qui n'ayant quafi contribué que fes oreilles aux difcours de tant de beaux efprits & fa plume à la relation de leurs agreables fentimens, fera encore trop honoré de la qualité d'admirateur & de fecretaire de tant de douces Mufes. Et dans leur chœur paroiftra le fage Critobule comme vn autre Appolon qui les met toutes en train, & qui fe referue le coup de la partie. Autrefois le Roy des Affyriens s'eftant fait efleuer vne statuë toute d'or voulut qu'elle fut adorée par ses suiets au son de toute sorte d'instrumens de Musique. Icy l'eloquence tiendra le lieu de cette statuë & elle se verra honorée par diuers esprits, mais i'ay peur qu'estant composée de diuers metaux comme celle que ce mesme Prince vid en songe elle ne soit reduitte en poudre par vne petite pierre, quand on considerera que tout cet art de bien dire, tant loüé, tant estimé, tant vanté par ceux qui s'y estudient & s'y delectent, n'est autre chose que la perfection d'vne imperfection puis qu'il se mesle d'embelir & d'orner la varieté des langues qui fut donnée pour punition aux bastisseurs de la Tour de Babel affin d'arrester leur ouurage & de confondre leurs pensées. Les entretiens de quelques precedentes conuersations auoient esté sur la varieté des stiles, sur le iugement des meilleurs Escriuains de noſtre langue & particulierement ſur l'examen de ce notable different qui s'eſtoit eſleué entre Narciſſe & Philarque ſur le ſuiet de l'Eloquence Françoiſe. Les liures de ces deux braues champions eſtoient ſur la table comme en vne lice ou en vn champ de bataille & expoſez au iugement de tout le monde. Pluſieurs autres petits traictez faicts par d'autres eſprits partiſſans de l'vn ou de l'autre & ſous diuers titres eſtoient aux enuirons en la façon que les Abeilles mutinees ſuiuent leurs Rois quand il s'en trouue deux dans vne ruche, ou bien de la ſorte que les oyſeaux s'aſſemblent autour du duc ou de la creſſerelle. Il y auoit auſſi quelques fueilles entremeſlees des nouuelles du temps qui ſe debitent tous les iours. Le plan du ſiege & de la ville aſſiegee y paroiſſoit auecque la deſcription du camp du Roy & les fortifications &

retranchemens des rebelles. Chaqu'vn selon son humeur parlant de ce qui luy plaisoit, & iettant les yeux sur ce qui estoit le plus à son goust il se faisoit vn doux murmure & vne agreable confusion pareille à ce bruit que font les mouches à miel quand elles partent en troupe de leur ruche pour aller sur les parterres où sur le paysage à la picoree des fleurs. Qui parloit de la digue, qui de la flotte Angloise, qui des forts, qui des lignes de communication, qui des redoutes, qui de la chaisne, qui des vaisseaux enfoncez, qui des brusleaux. Les autres separement parloient, qui de l'Eloquence de Narcisse, qui de celle de Philarque, qui de leurs stiles, qui de leur diction, qui du langage de l'vn, qui des reprehensions de l'autre, qui accusoit cetui-cy, qui iustifioit celuy-là. Lors que Critobule moderateur de cette assemblee de beaux esprits, comme ayant la balance en la main pour mettre tout en vne iuste proportion, ou plustost tenant l'eau de depart pour distinguer ces metaux meslez, desbroüilla ce petit caos auec vne grace & vne suauité merueilleuses faisant mettre chacun à son aise & obligeant l'assistance par ce compliment qui mettoit les corps en leur rang à ranger aussi leurs discours & regler le desordre de leurs pensees. Vous eussiez dit que c'estoit vn Capitaine qui disposoit ses soldats à la charge en visitant leurs files. Pour les nouuelles du siege il n'y en auoit aucun qui n'en souhaitast la prise, qui ne blasmast la temerité des Anglois, qui ne detestat la felonnie des rebelles qui appeloient ainsi l'estranger à la ruine de leur païs, & qui ne souhaittast l'issuë victorieuse aux armes du Roy pour oster cette paille de l'œil, & cette espine du pied de cet Estat qui ne seroit iamais en son entiere splendeur tant qu'il auroit vne semence de reuolte couuerte du manteau de Religion au milieu de ses Prouinces. Et comme nous esperons aysement ce que nous desirons, tous se promettoient des palmes & des lauriers par le succez des armes de nostre glorieux Monarque. Mais sur le different des escrits de Narcisse & de Philarque, il n'y eut pas tant d'vnion de voix & de sentimens, au contraire comme aux procez difficiles & d'importance les opinions se trouuerent partagees & de huict que nous estions trois se trouuerent pour Narcisse, & autant pour Philarque, Aristobule comme President de l'assemblee suspendant son iugement iusques à ce qu'il eust ouy les raisons de l'vne & de l'autre partie, & ce qu'il fit par prudence ie le fis aussi par discretion recognoissant mon insuffisance pour iuger d'vn

art ou i'entends si peu que ce peu [est]
fort voisin du rien, toute ma capac[ité]
ne consistant qu'au desir d'appr[en]-
dre, & pouuant dire beaucoup mi[eux]
que cet Ancien Sage que ie ne s[çay]
qu'vne seule chose, c'est que ie ne s[çay]
rien. Estant donc vne table rase [&]
vne carte banche i'appliquay mon [at]-
tention à discerner ce que diroient [les]
deux partis sur vn si agreable & in[no]-
cent suiet, ou au fonds il n'estoit q[ues]-
stion que de paroles, marchandis[e]
vulgaire & de si peu de conseque[nce]
que qui plus en a n'en vaut peut-e[stre]
que moins, & que les sainctes pa[roles]
opposent à l'œuure & à la verité co[m]-
me si la langue & ses propos estoi[ent]
des choses vaines. Et Dieu m'ay[ant]
presté quelque peu de memoire à
tenir, & de facilité à tracer ce que [i'ay]
appris, cela m'a donné suiet de c[her]-
cher en ces lignes cette confere[nce]
studieuse, tant pour mon conte[nte]-
m[ent]

ment particulier que pour satisfaire aux prieres de Critobule qui me sont des commandemens absolus. Ce fut donc luy qui pour ouurir le pas à des entretiens plus reglez apres auoir laissé dire à chacun les nouuelles du siege & de la guerre selon qu'il les sçauoit, remit en auant les propos qui auoiét esté tenus aux derniers deuis touchant la contrarieté & le debat de Narcisse & de Philarque. Sur quoy Coronat qui a vne fertilité d'esprit ioignoit vne gracieuse ioyeuseté que les Grecqs nomment Eutrapelie fit la plus agreable ouuerture qui se pouuoit imaginer. Car comparant ces deux choses si differentes en apparence de la guerre d'Aunis entre le Roy & ses rebelles, & celle qui se faisoit de plumes & de langues à Paris entre les deux Princes de l'Eloquence & leurs associez, apres auoir tesmoigné qu'il desiroit vne audience qui luy fut aussi-tost accordee,

C

chacun se promettant d'entendre de cette bouche des gentillesses qui ne seroient pas communes, il commença ainsi. Messieurs, Les suiects graues greuent quand ils n'ont aucun aiencement pour soulager leur poids, ce qui est trop serieux est ennuyeux s'il n'est accompagné de quelque assaisonnement delectable. Ie vous veux faire icy vne entree de table qui vous eucille l'appetit affin que vous goustiez auec plus de saueur les mets plus solides qui vous seront tantost debitez par de plus habiles que moy sur la bataille de l'eloquence qui se fait entre les deux competiteurs à la qualité de Mercure François. Ie me rencontray l'autre iour en vne compagnie où vn homme qui se plaist fort à l'histoire nous entretint assez long temps des rapports qu'il auoit trouuez entre le siege de la ville de Tyr fait autrefois par Alexandre & celuy de la Roche rebelle que noſtre grand Monarque (vray Alexandre qui tranchera le nœud Gadien du parti des reuoltez) tient maintenant inueſtie. Il ouurit le liure de l'Eſcriuain des actions de cet Ancien Roy à qui beaucoup de vertus acquirent le nom de Grand, & apres y auoir leu les particularitez de ce ſiege il les appliqua ſi iuſtement à celuy dont nous auons icy le pourtraict qu'il ſembloit qu'ils fuſſent iumeaux tant ils auoient de conuenances. Les mers bridees, les montaignes briſees, les digues, les retranchemens, l'ordre, la patience, la diſpoſition, l'aſſiette, rien ne fut obmis en cette comparaiſon qui peut eſtre faitte par quiconque voudra examiner la deſcription qu'en fait Quinte Curce & en faire les applications. Mais parce que le diſcours en fut long & trop ſerieux, il en fut non moins ſingulier & remarquable, mais moins agreable &

plaisant. Pour moy de qui vous cognoissez l'humeur & qui cherches dans les liures & dans les conuersations studieuses ce qui delecte autant que ce qui est vtile, & de qui l'esprit se paist de ce qui luy plaist, ie vous veux promener auec moy dans vne fantaisie bigearre qui m'est venuë en la teste en vous monstrant non les conformitez de l'eloquence de Narcisse auecque celle des plus grands personnages du temps passé & du present, laissant acheuer cette digue & consommer ce trauail à ce frere qui l'a heureusement commencé & fort auancé : mais celles de ce siege de la capitale d'Aunis, auecque celuy que Philarque auecque ses deux parties & les autres qu'il promet, dresse contre les belles Lettres du chef de la Republique des beaux esprits. Si nous regardons la cause de cette iuste guerre de nostre Prince contre ses reuolrez nous verrons que c'est pour reduire à l'obeïssance & au deuoir ceux qui font vn Estat dans cet Estat, qui balancent l'authorité du Monarque, qui partagent cet Empire en y faisant des departemens, & qui diuisent le point de la Souueraineté qui est indiuisible comme celuy de la Mathematique. Cause si iuste qu'elle en augmente le lustre du tiltre de nostre Iuste Louys, & fait paroistre l'iniustice de ceux qui sous des faux pretextes de deffiance font leur forteresse de leur crainte & bouclier de leurs apprehensions. Certes ceux qui sont mis sur le trosne par celuy qui fait regner les Roys y sont tellement establis par celuy qui les y a esleuez, soit par vne bonne election, soit par vne succession legitime qu'il n'y eut iamais de iuste cause de se rebeller contre leur authorité, non pas mesme celle des Autels & de la Religion, puisque la

C iij

Religion mesme & les Escritures nous enseignent qu'il faut estre suiect aux puissances Souueraines ordonnees de Dieu, & aux Superieurs mesme discolles, sous peine aux contrarians d'estre chastiez par la Iustice diuine & humaine, comme des gens qui renuersent les reglemens que Dieu a faicts, & qui resistent & s'opposent à ses ordonnances. Certes le sceptre de l'Eloquence a tellement esté mis du consentement de tous ceux qui s'y entendent, entre les mains des Anciens Autheurs Grecqs & Romains que de leur vouloir arracher cette principauté qui a fait faire ioug à tous les bien-disans aux langues vulgaires, c'est vn attentat qui semble temeraire, c'est cracher contre les nuees & mettre sa bouche dans le ciel que de blasr ces grands Maistres de l'art de bien dire. A vostre auis se mocquer de Ciceron, de Demostene, d'Isocrate, de Seneque, s'irriter si on dit qu'il les a imitez ou transmis en quelques lieux, protester qu'il inuente beaucoup mieux qu'il n'imite, & qu'il a trouué ce que les Anciens n'ont pas seulement veu & rencontré auecque de nouuelles lunettes, des estoiles nouuelles au ciel de l'Eloquence, des terres neuues en ce païs-là, & des perles & des diamans en vn monde nouueau, ou plustost au monde d'vn nouueau bien-dire vsurper le Sceptre & la Couronne qui sont depuis tant de siecles en la main & sur la teste des Anciens, est-ce assez pour faire crier à l'vsurpateur & au tyran ceux qui sont zelez pour la gloire de ceux que Narcisse mesprise auecque tant de rebut que ie ne die vanité ou insolence. Iusques à appeler le Pere de l'Eloquence Romaine le tyran de son enfance celuy qui luy a fait haïr le Latin auant qu'il l'aymast, celuy qui luy a fait sentir tant de mauuais temps, & qui sçait aussi mal exprimer ses complaisances que ses coleres. A n'en mentir point il n'y a enfant, suiet ny disciple si peu sensible qui ne s'esmeust en voyant mal traitter son pere, son Prince & son maistre, la nature nous portant à la recognoissance de ceux à qui nous sommes si estroittement obligez qu'il faut que nous mourions ingrats enuers eux à cause que leurs bienfaicts ne sont pas de telle sorte qu'on leur en puisse rendre de semblables. Si donc vn iuste zele accompagné de science pousse Philarque au maintien de l'inuiolable Souueraineté du bien dire qui appartient à ceux qui nous ont precedé & fait voir la foiblesse de celuy qui leur veut rauir cete Couronne & vsurper leur gloire, qui ne voit que sa cause n'est pas moins iuste que celle de nostre Prince qui veut arracher les villes de son Empire des mains de ceux qui forment autant de Souuerainetez en son Estat qu'ils y occupent de places. Voila quant à la conformité de la cause generale, venons aux particulieres. Les rebelles ne pouuans supporter le fort Louys qui estoit vne fascheuse espine à leur pied remuent le ciel & la terre pour le faire abbatre : prient, pressent, coniurent, poursuiuent, demandent, importunement, opportunement, crient sans cesse ne pouuant donner de repos à leurs esprits deffians que ces bastions Royaux voisins des leurs ne fussent mis à bas, refusez en leurs inciuiles requestes, ils grondét, murmurent, menacent, font des trahisons, forment des intelligences, dedans & dehors le Royaume, font des assemblees contre la volonté du Roy, pratiquent les Estrangers, font des cabales & monopoles auecque les grands & les petits, iurent de ne laisser rien d'intente qu'ils ne voyent la demolition de ce fort qui n'estoit qu'vn foible frein & vn leger camorre pour brider leur audace desmesuree. En fin leur orgueil s'esleuant tousiours les deux freres infideles à leur Roy & traistres à leurs païs, & qui meritent de perdre plus de testes qu'ils n'ont de cheueux, remuent la grande machine d'Angleterre & de Hollande, arment vne flotte qui menace d'engloutir à l'abord l'Isle de Ré & de faire vne entree en la France par la porte de la Reine d'Aunis, la maladie du Roy despourueu lors & d'hommes & d'argent sembloit fauoriser leur entreprise, & des-ja les reuoltez esleuoient leurs cornes insolentes iusques aux estoiles. Quand Dieu qui a vn soin particulier de la conseruation de cette Monarchie arresta les furies & les tempestes de cette mer auec vn peu de sable faisant morfondre cette

I. Partie. 43

armée d'outre mer deuant vn fort plus fort de la valeur de ceux qui le deffendoient que de ses bastions, donnant loisir à nostre Monarque de se faire quitte de sa maladie & de courir promptement au secours de cette Isle. La France est vne source d'hommes inespuisable, & elle a ses minieres d'or dans la fertilité de son sein. Le Roy ne fut pas plustost sur ses pieds & prest à battre aux champs qu'il se vid suiui d'vne grande multitude, & serui en cette occasion auec vne ardeur incroyable, d'où vint le succez de la fuitte des grands Bretons, ne remportans pas moins de honte & de dommage, qu'ils laisserent de gloire & d'honneur à la France. De la mesme façon (s'il est permis de comparer les choses petites aux grandes, & la plume au tranchant:) Narcisse chef des rebelles de l'Empire de l'Eloquence deferé de tout temps aux Grecqs &

aux Latins, ne pouuant supporter qu'vn petit frere ayant encore la memoire fraische des bons Autheurs qu'il auoit leus deuant que se ietter dans le Cloistre eust descouuert son pot aux roses, & fait voir que tout ce qu'il y auoit de florissant & de plus remarquable dans ses lettres estoit ou traduit de mot à mot ou imité des Anciens, s'est mis en vne telle colere de se voir pris sur son pillage & condamné (par tous ceux qui virent cette conformité qui ne couroit qu'escrite à la main) à vne solemnelle restitution, qu'il entreprit de repousser comme vne iniure ce que tous les faiseurs de Comm ntaires attribuent à honneur aux Autheurs qu'ils expliquent en monstrant ce qu'ils ont emprunté des autres, & ce qu'ils ont transporté chez eux de si bonne grace, soit par l'imitation, soit par l'application qu'il paroist de leur crû & estre né de leur fonds. A ce deſſein il a appelé le ſecours de l'eſtranger, ou pluſtoſt celuy d'Oger le Danois qui s'efforce de monſtrer en ſon Apologie que la conformité du petit frere eſt vne eſtable d'Augie qui ne peut eſtre netoyée que par vn Hercule. En quoy certes il a trauaillé ſi heureuſement, & s'eſt tellement transformé en ce ſtile de Neſtor qu'il vouloit deffendre, que tout le monde à crû qu'il parloit Narciſſe comme dit le Poëte, & qu'il n'auoit preſté que ſa main & non ſon eſprit à ce que luy dictoit l'Autheur des belles Lettres. Inuention gentile neantmoins de ſe loüer ſoy-meſme ſous le nom d'vn autre, & de cingler à pleines voiles dans ſa propre eſtime en donnant à vn de ſes amis la qualité du plus inſigne, ou pluſtoſt du plus indigne flatteur qui ſe vid iamais. Et à dire la verité ſoit que Narciſſe ait compoſé cette Apologie, ſoit que l'eſprit de celuy qui s'en dit l'Autheur en soit le pere, il faut auoüer que le stile a non seulement du rapport à celuy des Lettres, mais le surpasse en quelques endroits, & que cet ouurage plus estendu & de plus longue haleine a plus de traicts de l'art Oratoire, que n'ont les Letrres qu'il deffend. Que si Narcisse & son second ont ioint leurs forces ensemble pour destruire les remarques du petit frere, ils en sont d'autant plus semblables aux rebelles qui se sont vnis auecque les grands Bretons & les Estats pour desmolir le fort qui les faschoit, & pour conquerir vne Isle qui estoit le grenier & la caue de la Reine de leurs Citez. Et il ne se faut plus estonner si Narcisse tesmoigne tant de courroux contre les petits freres, que si les foudres estoient en sa main il ne les lascheroit que contre ceux qui portent cette qualité, & l'Autheur de la conformité qui ne luy est pas moins odieux que celuy de la belle Huguenote, seroit sans doute enuelopé dans ce rauage affin d'interresser en vn mesme party les Moines & les Huguenots, les superstitieux & les Athées. Mais si l'Anglois a esté honteusement chassé de l'Isle qu'il attaquoit sans auoir seulement veu le fort Louys qu'il desiroit raser. Le iudicieux Vallentin qui a dressé le Tombeau de l'Orateur François, & suiui le Trason pas à pas, examinant cette Apologie page apres page a remarqué tant de deffauts dans cette deffence des belles Lettres qu'il a fait voir que le sauon mesme qui leue les taches en est tout plein, & qu'il n'y a rien sous le Soleil qui en soit exempt, puisque ce grand Astre mesme a les siennes. Entre les autres en voici vne assez considerable & qui est eschapée à la consideration de ce bastisseur de

Tombeaux, c'est que l'Apologiste s'estant donné beau ieu sur les plus foibles remarques de la conformité, Narcisse au lieu de le remercier du bon office qu'il luy auoit rendu, esleuant son Eloquence au dessus de la langue des hommes & des Anges, en le diminisant a fait mettre à la fin cette conformité tant recherchee qui toute nuë & sans deffence renuerse de font en comble toute l'Apologie, manifestant à qui a des yeux & tant soit peu de sens commun les doux emprunts de l'Autheur des belles Lettres. Imitant en cela le lesard qui efface auecque sa queuë les marques de ses mains empraintes sur le grauier. Les Anglois renuoyez en leur terre, ceux-là exceptez qui demeurerent en la nostre pour l'engraisser de leurs corps abbatus: Le Roy se trouua par occasion tout porté au siege de la Roche rebelle, le premier dessein n'ayant esté

esté que de chasser les estrangers & les empescher de prendre pied en nos rinages. Ou ie descouure vne troisiesme conuenance auecque nostre combat de langues & de plumes qui a esté entrepris par Philarque, ainsi que luy mesme le monstre auecque non moins d'euidence que de verité tout au commencement de sa seconde Partie. Où il fait voir des causes si iustes qui l'ont porté à cette guerre & à entreprendre le siege & la ruine de ces belles Lettres, que iusques icy on n'a pû luy repartir que par des negatiues qui changent la question du droict en celle du fait, en quoy il est mal aisé d'accorder les parties. Car il est vray que si le deffi a esté fait accompagné des brauades & des outrages qu'il despeint, il eust eu tort de trahir par vn honteux silence vne cause si bonne que la sienne & qu'il deffend auecque tant de force & de doctrine

D

que si Narcisse luy respond on pourra bien mettre cet ouurage entre les miracles de sa plume & l'appeler son chef-d'œuure. Incontinent que le siege fut mis on commença à dresser des forts, des redoutes, des lignes de communication, des retranchemens, des approches, des batteries. Dequoy les assiegez qui auoient tousiours crû que les bouleuards de leur Euangile estoient à l'espreuue de tous les canons, & de toutes parts hors d'escalade, se mocquoient auecques des insolences filles de leur presomption & de leur reuolte, estimant que iamais les viures ny les secours ne leur manqueroient tant que la mer leur seroit libre. Et lors mesme qu'on fit le dessein de cette digue (entreprise digne des Romains & d'vn Alexandre) ils s'en rioient comme d'vne temerité qui se promettoit non d'escheler les cieux comme les bastisseurs de la Tour de Babel, mais de brider la mer. Cependant quand ils ont veu cette besoigne non seulement possible, mais auancée, & amenée iusques au point de pouuoir empescher les entrées & les sorties du port, ils ont esté contraincts d'auouër que la main de Dieu estoit auecque l'homme de sa droitte & soustenoit le Prince qu'il auoit establi pour les dompter. A la veuë de la premiere partie des Lettres de Philarque pleine de boutade, de fougue, de vehemence, on tient que Narcisse & ses partisans se mocquerent de plusieurs saillies d'esprit qui leur sembloient d'autant plus foibles qu'elles estoient violentes, estimant que cela passeroit comme vn feu ou comme vn torrent qui apres leur rauage ne laissent qu'vn peu de cédre & de bouë, & que c'estoit vne furie françoise qui se refroidiroit aussi tost si on luy faisoit large. Ils se deffendoient en fuyant comme les Parthes & en riant, mais d'vn ris Sardonien plein d'vne amere douleur, au lieu de parer les coups des iuftes reprehenfions de cet attaquant ils vſoient de diuerfion, s'attachant tantoſt à fa fraze qui ne leur fembloit pas aſſez friande, fans confiderer que les chofes trop douces font fades, les mignardes font foibles, & que les folides naturellement font afpres, & les fortes font rudes, tantoſt ils fe iettoient fur fa condition encore qu'il la cachaſt & qu'il combatiſt defguifé; eſſayant par là de donner le change aux efprits en leur faifant regarder la perfonne qui reprenoit au lieu des chofes reprifes. Tantoſt ils fe gauſſoient de fes ligues de communication le reprefentans comme vn peintre qui ne fourniſſoit que le pinceau, cent autres luy donnans les couleurs, les inuentions, les deſſeins, les paſſages tous entiers, les remarques, les memoires, & trauaillans à luy amasser les materiaux pour bastir ses Lettres, l'accusans de faire vne mauuaise maison auecque de bonnes pierres, de composer des breuuages venimeux auecque des herbes salutaires, & d'estre si mauuais tailleur que de faire de laids habits auecque de belles estoffes. Mais ces Messieurs pouuoient bien imposer cela aux simples, & à ceux qui ignorent la grande suffisance de Philarque, & la profonde cognoissance qu'il a des langues & des sciences, mais non pas à ceux qui sçachans la foiblesse de Narcisse & combien en fait de sçauoir, il est de legere taille cognoissent assez à la pierre de touche de Philarque combien son or est bon & à la iuste balance de son iugement qu'il n'est pas de pois, & qu'il lui faudroit encore quelque degré de capacité qu'il n'a pas pour estre digne escolier de celui que le sieur D. L. M. nous dépeint comme ayant esté du second mestier du Tyran de Sicile. Mais certes comme le Roy, riche, puissant & fort de ses propres richesses puissance & force, n'a point emprunté le secours de ses alliez pour boucler ses rebelles: tant s'en faut que Philarque (de qui vous sçauez que ie suis Partial) ait mandié d'ailleurs les aides necessaires pour inuestir le Createur des belles Lettres, qu'il est aisé à voir qu'il a escrit les siénes en voyageant sans l'assistance des liures, ny de ses amis, sans contention d'esprit, sans estude, sans art, & beaucoup plus sans fard, recognoissant qu'à vn diuertissement d'esprit il n'a pas voulu trauailler selon l'estenduë de sa puissance, mais seulement auecque la negligence dont on traitte des choses qu'on ne tient pas pour beaucoup serieuses. Au contraire Narcisse imitant les assiegez a escrit par tout pour auoir du secours, excitant ses amis à affiler leurs armes & à mettre la plume à la main en sa deffence, a mandié de tous costez des memoires contre la vie & les escrits de Philarque, a fait parler les Polideques, les Philagathons, aussi sçauans en nostre langue que les Bretons, les Holandois & les Alemands, & d'vne partie de ces beaux recueils. Le seigneur d'Aigremont qui s'est senti interessé dans la premiere Partie de Philarque a fait cette aigre responce, ou comme les anciens Geants il entassent des monts & s'enseuelis dessous. Cependant Narcisse demeure en l'arriere garde, & comme vn fort armé il garde ses bouleuards, laissant faire des sorties à ses carrabins, il fait de grandes menaces, promet de respondre à Philarque, & de lancer contre cet aduersaire autant de foudres que Iupiter en darda contre les Geans : en quoy vous voyez les rodomondates des rebelles assiegez qui protestoient de mettre le feu par toute la France, & d'en faire vn theatre de guerre pour les estrangers. Mais lors que parut au iour la seconde Partie de Philarque ce prompt & prodigieux esprit ne pouuant attendre sans langueur les longueurs de Narcisse qui tire tout ce qu'il fait du derriere de la teste à ce que luy mesme nous apprend, & qui est neuf mois à enfanter non vn liure, mais vne petite lettre auec autant de douleur & de peine que si vne pierre luy sortoit des reins. Lors dis-ie que cette grande digue commença à enuironner nostre assiegé. Digue qui luy coupoit tout secours, qui luy ostoit toute replique, luy fermoit la bouche & luy serroit le passage des viures, ses partisans foibles de cœur ne pouuans enfoncer cette barriere, & estonnez à la veuë de tant de vaissaux enfoncez, de

I. Partie.

chaifnes, de pierres liees, de bois trauerfez, de chandeliers, de nauires attachees, de batteries bien flanquees, de chafteaux flottans, commencerent à luy iouër à la fauffe compagnie & à l'abandonner à fes propres déplaifirs. Narciffe renfermé dans fa coquille comme vn limaçon n'ofe monftrer les cornes, reffemblant au timide moineau qui fe tapit dans vn buiffon tandis que le genereux efmerillon regne en l'air & n'attend que fa fortie pour en faire fa proye. Si ie compare les deux Parties de Philarque aux deux armees de terre & de mer de noftre grand Roy, penfez-vous que ce foit encore vne mauuaife conuenance. Puifque la premiere ayant fait perdre terre à Narciffe & l'ayant eftouffé en l'air de fa vanité comme vn Antee, la feconde luy rauit encore le fecours de fes confederez. Car quel d'entr'eux oferoit choquer contre les pierres de

Pline, d'Isocrate, de Lucian, & de Platon dont Philarque fait son armee nauale & les forts de sa digue. Car d'alleguer qu'il s'est paré comme la corneille du Poëte de ces plumes empruntées, & qu'il a enflé son liure aux despens d'autruy, outre la gloire de la traduction & de l'application qui ne luy peut estre desniée, qui ne void qu'il oppose cette nuée d'Anciens Orateurs à l'Eloquence de Narcisse pour faire voir la bassesse de celle-cy par les perfections qui reluisent aux autres. Que si la mort de ce fier Anglois (dont les affaires iront tres-mal en l'autre vie s'il est mis parmi les Boucqs dont il portoit le nom en celle-cy) a esté fatalle aux rebelles assiegez, asseurez-vous que la resurrection de la memoire de Pierre Paschal, & l'inuectiue de Tourne-bœuf ne sont pas moins funestes à la reputation de Narcisse, & n'euentent pas moins les artifices de sa conduitte que la conformité a descouuert les diuers vols de sa plume. En quoy ie trouue qu'il a esté aussi mal traicté des grands freres que des petits, & que ce n'est pas sans raison qu'il veut tant de mal aux rats & aux souris qui ont rongé & fait abismer l'arche de sa renommee. Et certes il a bien pris aux faiseurs de vers qui se sont trouuez en cela plus sages que ne porte leur condition de ne croire pas les conseils de Narcisse qui les excitoit à aiguiser leurs pointes, affiler leurs Satyres, aiuster leurs rimes, & enfler leurs veines contre Philarque, parce qu'il ne leur eust pas gardé long temps l'examen de leurs impertinences, & fait voir selon sa promesse que de tous les mestiers dont se meslent ces Muses bottees pour gaigner leurs pauures vies il ny en auoit point qu'ils sceussent moins que celuy de la Poësie, & que c'est vne folie à des gens qui meurent de faim de promettre l'immortalité aux autres. Qui a iamais veu vn grand Heron ou quelque blanche Cigogne fondre sur vn marests ou croassoit vn grand nombre de grenouilles, aussi-tost qu'elles apperçoiuent ces goulus ennemis qui les deuoroient à douzaines elles s'enfoncent dans la bourbe & se tapissent dans la vase iusques à ce qu'ils ayent pris leur vol autrepart. Il a apperceu en cette peur celle de nos Poëtes qui ont tous perdu le poulmon & la voix à la simple menace de ce grand Heros qu'on appele Philarque, redoutans qu'il n'enuoyast leurs Odes aux Antipodes, qu'il ne rendit leurs Elegies encore plus lamentables qu'elles ne sont, qu'il ne fit paroistre leurs Stances rances, qu'il ne mit leurs Vers à l'enuers, & que de leurs Sonnets il ne fit des sonnettes pour attacher à leurs marottes Poëtiques. Il est vray que le Seigneur d'Aigremont en sa Responce aux torts qu'il croid auoir receus de Philarque a composé des feux artificiels qui comme les brusleaux des grands Bretons menaçoient d'vn grand embrasement & sa digue & sa reputation, mais ces flambeaux ont este plus luisans que cuisans, plus brillans que bruslans, & apres beaucoup de fumee & de bruict la memoire en est perie auecque le son, & ces belles pommes si arrondies & si dorees ont esté comme celles du lac d'Asphalte qui n'ont produict que du vent & de la poussiere. Et au lieu de nous despeindre vn Moine cruel & sanguinaire ce qui est le but de son grand Narré, il nous a fait voir sur le reuers de la medaille vn gendarme timide & rempli d'vne frayeur extraordinaire. Car quant aux Paladins outre qu'ils ne s'attachent qu'aux bords & non au fonds du Tableau, & que leurs coups ne sont que des foibles esgratigneures. Acates Secretaire de Philarque a tellement fermé ces legeres plaies que la cicatrice mesme ne s'y peut remarquer. On dit que comme les reuoltez n'ont plus d'autre esperance que celle des grosses marees, toute leur attente consistant en la speculation des flux & reflux de la mer dont la cause a esté cachee à tous les Philosophes. Aussi Narcisse qui n'a plus que ce seul bien qui demeure au deffaut de tous les autres, espere contre toute apparence que le ciel prendra sa cause en main, ou que la mort viendra à son secours estant abandonné de tous les viuans. Mais notre Titus presse cette Hierusalem, reuoltee de l'Empire de l'ancienne Eloquence auecque tant de force & d'addresse qu'il est à croire, que comme la faim & la necessité contraint les rebelles de cet Estat de se rendre à la misericorde de celuy dont ils ont occasion de redouter la Iustice. Aussi Narcisse reduict à l'extremité & ne sçachant comme dit le Prouerbe de quel bois faire fleche, ny ou trouuer des munirions de guerre pour se deffendre contre vn si puissant aduersaire, sera contrainct de ceder à ses raisons & de rendre l'Empire de l'Eloquence aux Anciens dont il auoit voulu vsuper le sceptre aussi iniustement que le Palatim celuy de Boheme. Et de recognoistre son sort (sans faire le Poëte en prose) semblable à celuy de ce Roy de trefle dont luy mesme se raille si gracieusement, & qu'il compare aux bestes qu'on menoit aux sacrifices anciens auecque des couronnes sur la teste, en ce que d'vsurpateur de la Royauté de l'Eloquence, il se trouue le suiet des Histoires Comiques & des conformitez, paroissant en celles là comme vn

Roy de la feûe, & en celle-cy comme picoreur des bons Autheurs plustost que createur de ses pensées. Comme donc les meilleurs guerriers & les plus sages politiques tiennent pour asseuré que la Reine d'Aunis est sur le point de flechir les genoux deuant le trosne de nostre Salomon, & apres tant de rebellions de se rendre à sa clemence. Il est à croire que Narcisse par son silence donnera gain de cause à Philarque, & coüiera par cette necessaire modestie ce grand frere à n'entrer point en lice, ny en iugement contre l'Apologie dont il s'est reserué l'Examen pour vne troisiesme Partie. Silence iudicieux & qui luy fera meriter la pitié de celuy dont il a prouocqué le courroux par des brauades & des insolences insupportables à toute patience fust elle monastique & de l'autre monde. Ici Coronat mit fin à son entretien & donna commencement à la la ioye de la compagnie qui se tesmoigna par le ris qui se rencontra en toutes leurs bouches, mais ris accompagné de tant de modestie qu'ils monstrerent par leur applaudissement le grand plaisir qu'ils auoient pris à vne comparaison si agreable & si bien suiuie. Il ny eut que Critobule qui moderant cette allegresse par vn front également doux & seuere, dit qu'il luy sembloit que la proportion n'auoit pas esté gardee en ces conuenances, & qu'elles conferoient vne guerre si grande & vn siege si important que la France n'a rien veu de pareil depuis deux siecles à vne contestation si friuole, & à vne guerre Grammairienne si peu considerable qu'il sembloit que cela raualast la dignité de ce memorable siege, à qui celuy de Troye n'estoit point comparable. A quoy Coronat se sentit obligé de repartir pour sa iustification que le

E

siege de la Roche rebelle estoit en son estime à vn si haut point qu'il ne croyoit pas qu'il y eust assez de lauriers en la France pour couronner la teste de nostre Monarque lors qu'il s'en seroit rendu le Maistre, & que neantmoins il ne pensoit point auoir peché contre les regles de la similitude d'auoir conferé des choses si eslognees en apparence. Veu que les comparaisons se peuuent faire du petit au grand, & de la qualité sans auoir esgard à la quantité. Et quoy que la mouche soit bien petite, & l'elephant d'vne enorme grosseur ils conuenoient neantmoins en la qualité d'animal qui leur estoit commune. Quoy, dit-il, l'Empereur Iustinian n'a-t'il pas comparé la milice armee à celle qui porte vne robe & dont les combats de langue qui ne font, ny vefues, ny orphelins se font en la tribune aux harangues comme en leur champ de bataille. A combien de choses plus basses que l'eloquence est comparé le Royaume des Cieux dans l'Euangile, tantost à vn filé à prendre des poissons, tantost à vn tresor caché dans vn champ, tantost à vn grain de moutarde, tantost à du leuain & à tant d'autres. Certes l'Orateur Romain n'a pas esté si reserué lors qu'il a preferé la langue à la lance, & le bien-dire à la valeur. Ceux qui tiennent l'Eloquence pour l'art des arts, pour vn regne sur les esprits, pour vne douce tyrannie des volontez, pour l'Empire des cœurs ne font moins d'estat des trophees quelle remporte que de ceux qui prouiennent de la science militaire & du maniment des armes. Pyrrhus cet Ancien Roy confessoit auoir fait plus de conquestes par la langue bien-disante de l'Orateur Cyneas que par son espee. Et Alexandre ne faisoit pas moins d'estat de ce qu'il en auoit appris d'Aristote que de l'art de regner & de conduire des peuples. Comme la langue a rapport auecque la main & sont membres d'vn mesme corps, aussi le bien-dire a de la correspondance auecque le bien faire. Et comme celuy-là est appelé grand en l'Escriture qui fera & dira, aussi est blasmé celuy de qui les actions dementiront les paroles. Cesar, Xenophon, Pompee ont esté grands Capitaines & ensemble grands Orateurs: or ils n'alloient pas moins à la gloire par l'vne que par l'autre de ces qualitez. Vn Eloquent est vn Roy sans armes, mais qui ne laisse pas de regner souuerainement sur ceux qui l'escoutent & qui se laissent persuader à ses discours. Philippe regnoit en Macedoine par la force de ses armees, mais les Orateurs gouuernoient Athenes par la vigueur de leur Eloquence, & iamais il ne pust rien gaigner sur les

Atheniens que quand ils eurent fait perdre le credit aux Orateurs, d'où Demosthene prit occasion de faire à ce peuple l'Apologie de la paix que les loups traicterent auecque les brebis à condition quelles se separeroient de la societé des chiens, apres quoy elles furent deuorees de ces animaux rauissans qui les trouuerent sans gardes & sans deffence. Vous entendez le retour & l'application sans que ie me mette en peine de l'estendre. Que si Platon a estimé les Prouinces heureuses ou les Philosophes regnoient, ou les Rois philosophoient, pensez-vous qu'il entédit cela d'vne philosophie qui comme la sienne ne fust accompagnee de l'Eloquence. Et certes comme plusieurs Rois ont honoré quelques sciences en si addonnant, ou plustost comme les sciences ont mis quelques Rois en reputation. Les Rois Arabes ayans excellé en la Medecine que Salomon mesme n'a pas ignorée, d'autres en la Theologie & en la cognoissance des secrets divins, d'autres en la Iurisprudence puisque c'est le propre mestier des Roys de rendre la Iustice & de faire des Loix à leurs peuples, d'autres aux Mathematiques comme Ptolomee. Qui ne sçait que l'Histoire est remplie des noms des grands Princes qui ont aymé & cultiué, les vns la Poësie, les autres l'Eloquence, & fauorisé les esprits adonnez aux belles Lettres. Le Sauueur mesme Roy des Rois s'il est permis d'vser d'vn si grand exemple, n'a pas mesprisé non plus que la qualité de Noble celle d'Orateur, car outre qu'il est en sa generation eternelle le Verbe & la parole du Pere, & parolle substantielle qui exprime vn Dieu; estant en la terre il a exercé cette faculté de parler auecque tant d'efficace (en quoy ie tiens que consiste la vraye

Eloquence) qu'il a fait dire à ceux qui l'oyoient que iamais homme n'auoit parlé de la sorte, que s'il n'eust esté de Dieu il n'eust pû parler ainsi, qu'il enflammoit les cœurs par ses discours, que ses propos estoient esprit & vie, que d'vn mot il pouuoit guerir, & qu'il auoit les paroles de vie & de vie eternelle. Le mesme n'a-t'il pas establi les Sacremens (qui sont nos plus augustes misteres) par des parolles qui attachees à de simples elemens font des effects admirables, n'a-t'il pas vni la diuinité auec l'humanité, humanité ou a habité la plenitude de la diuinité corporellement liant les extremitez par vne vnion personelle la plus grande de toutes, n'a-t'il pas caché cette mesme humanité diuinisee sous les especes du pain & du vin sur nos Autels, alliant ainsi les choses terrestres aux celestes, les mortelles aux immortelles. Tous nos misteres ne ressemblent ils pas à la source de Mardochee petite en son origine, mais qui se termine dans la lumiere du Soleil. Luy mesme ce grand Sauueur vray Soleil de Iustice ne s'est-il pas comparé à des choses extremement viles & abiectes au lys des valees, à la fleur des champs, à la pierre, à la vigne, au bon Pasteur, & à tant d'autres qui se rencontrent dans les saincts Escrits. Et le plus grand de tous les enfans des hommes selon le iugement du Fils de Dieu, ne prend il pas la qualité de voix qui est la mere de l'Eloquence & l'organe dont elle se sert pour s'insinuer par les oreilles dans les cœurs. Il ne faut donc pas que vous vous imaginiez qu'il y ait vne si grande disproportion entre vn combat de langues & celuy des armes, & entre celuy des plumes & des tranchans puisque les escriuains manient les vns & les autres. Que si vous en croyez les Poëtes ils

I. Partie.

vous diront que sans leurs vers, ou sans l'assistance des plumes des Orateurs ou des Historiens, toutes les expeditions militaires & tous les actes de vaillance seroient ensevelis dans l'oubli, s'ils n'estoient transmis à la posterité par les trauaux des beaux esprits. Ce qui faisoit dire à vne de nos plus fortes Muses que le ciel auoit marié son stile & sa plume à l'espee du grand Henry, de la mesme sorte que celle d'Homere le fut à celle d'Achille. Quoy vn Pirate eut bien vn iour le cœur si bon que de comparer ses larcins aux conquestes d'Alexandre, & de dire que s'il escumoit la mer, ce grand Prince rauageoit & la mer & la terre, & que ce qu'il faisoit sur quelques vaisseaux de marchans, ce Roy l'exerçoit sur les Royaumes & les Prouinces. Quoy les Poëtes auront bien la liberté en leurs douces erreurs de nommer mille & mille fois, leurs

Cieux, leurs Soleils, & leurs Rois, les yeux d'vne vaine maiſtreſſe, & ſi nous comparons l'Eloquence qui regne ſi puiſſamment ſur les ames à la force & à la violence des armes, on dira que nous vniſſons des choſes trop eſloignées, reformez donc la comparaiſon que fait l'Eſcriture adorable de la beauté du lys, qui ne labourre, ny ne file à toute la gloire & la pompe de Salomon. Certes les fleurs de l'Eloquence ſeroient bien miſerables ſi elles n'auoient autant d'auantage ſur cette fleur, que cette fleur en a dans vn texte qui ne peut eſtre contredit ſur la magnificence & la maieſté d'vn des plus grands & ſages Rois qui fut iamais au monde. Des Autheurs d'aſſez bonne marque ont fait des ouurages, l'vn qui a pour tiltre le liure des Abeilles, l'autre le liure des Fourmis, ou dans l'œconomie de ces petites beſtes ils trouuent toute la conduitte des

Religieux & de la parfaicte pieté & mesme vne grande partie de nos plus venerables Mysteres, & qui lira chez le grand Poëte des Romains de quelle façon il parle de ces petites Republiques croira qu'il d'escrit celle des Romains & des Lacedemoniens. Qui ne sçait que les Geographes en leurs cartes nous marquent, des villes, des Prouinces & des Royaumes auecque des points, & ce Poëte a-t'il mauuaise grace qui dit que les estoiles sont les fleurs du ciel, comme les fleurs sont les estoiles de la terre, & que regardant la figure des Astres dans le cristal d'vne fontaine il croit qu'il y a vn autre ciel sous cette eau. Les petites choses ont quelquefois des qualitez qui les font estimer plus que les grandes, & qui doute que la perle que Cleopatre fondit dans le vinaigre ne valust mieux qu'vn grand rocher. Les liures conseruent encore la memoire de la nauire de Mirmecides qui auec tout son Equipage se mettoit à couuert sous l'aisle d'vne mouche, & de l'Agathe de Pyrrhus qui dans la largeur d'vn ongle faisoit voir les neuf Muses bien representees auecque leur Apolon au milieu de leur cœur. L'œil est la moindre partie du cors humain & la plus excellente. Archimede ce Mathematicien incomparable fit vn iour vne petite sphere de verre ou se voyoit en petit volume tout le mouuement des cieux & des planettes, auec vne regle & vne mesure dignes d'admiration. Blasmerons nous cet ouurage parce qu'il representoit vne chose tres-grande par vne petite, qui ne sçait que les racourcissemens des peintres ont leur perfection aussi bien que les images estenduës. Le plus grand de tous les Poëtes Grecqs ne s'est il pas ioüé en la description de la bataille des rats & des grenouilles, où il a fait paroistre la grandeur de son esprit dans vn suiet ridicule, plein neantmoins d'inuention & d'artifice. Vn Pere de l'Eglise ne s'est-il pas occupé à nous faire voir les Comparaisons du Moine & du Roy; car quant au Sacerdoce il est appelé Royal dans les sainctes pages. Et l'Apologue de Menenius, Agrippa où il confere le peuple Romain & le Senat aux membres du corps humain & au ventre, à t'il plus de proportion que n'en a vne guerre lettree, auecque vne guerre armee. L'Escriture mesme ne nous represente-t'elle pas la Royauté des hommes sous celle des arbres (puisque les hommes sont des arbres renuersez & qui cheminent) qui en l'assemblee de leurs Estats donnerent la Couronne à l'espine, & n'est elle pas figuree par ce grand arbre que vid en songe Nabuchodonosor qui auoit son faiste dans le ciel, & ses racines dans la terre sous qui les animaux se mettoient à l'abry, & les oyseaux du ciel se perchoient sous ses branches. Et par l'eschelle de Iacob dont la sommité estoit dans les cieux & son pied sur la poitrine de ce Patriarche dormant sur vne pierre. Qui ne sçait que les diuers Estats & Empires du monde furent monstrez au Roy d'Assirie sous l'embleme de cette grande statuë composée de diuers metaux. Et qui ne sçait que l'ancienne superstition des Gentils tiroit les augures des plus grandes choses & des euenemens des batailles du vol des oyseaux & des entrailles des bestes sacrifiees. Qui est-ce qui a iamais pensé de deffendre l'vsage des theatres parce que l'on y represente en feinte les succez tragicques ou comiques veritablement arriuez, & ou des facquins font le personnage des Rois. Vn Poëte Grec ne fait il pas vne ample comparaison de la chasse à la guerre, & ne monstre-t'il pas que c'est le plus digne exercice des grands courages durant que la paix rend inutile l'vsage des espees. I'entasse tout cela pluftost que ie ne le desduits pour vous monstrer que ie n'ay pas eu tant de tort que vous pensez de comparer les attaques d'vn liure à celles d'vne ville, le siege de l'vn au siege de l'autre, & du vol & de la plume d'vn grand oyseau blanc qui a leué à son aduersaire tout moyen de se deffendre, d'augurer la victoire de l'escharpe blanche du Roy qui a son throsne esleué sur la blancheur des Lys. Coronat ayant en ce lieu mis fin à sa deffence ne laissa dans les bouches de ceux qui l'auoient ouy que des termes d'admiration sur sa promptitude, aux reparties, sur la viuacité de son esprit & l'affluence de sa memoire qui luy auoit rapporté sur le champ vn si grand nombre de differentes idees sur vn suiet qu'il n'auoit point premedité, & certes ie fus saisi d'estonnement de voir que pris comme au pied leué par Critobule il auoit trouué en vn instant tant de gracieuses & belles pensees, comme dit le prouerbe Toscan sur la pointe d'vne fourchette. Car de nager en grande eau & de voler en grand air, c'est vne chose facile à tous les poissons & à tous les oyseaux, & à tous les esprits de parler aisement & abondamment en des grandes matieres & qui se soustiennes d'elles mesmes. Mais en des suiets foibles & minces de trouuer par vne presence d'esprit qui n'est pas donnee à tout le monde vne si abondante moisson, c'est ce que ie ne pouuois comprendre. Si ce n'est par cette raison qui ouure l'esprit en le picquant & qui luy donne dans sa chaleur des esleuations & des saillies qu'il ne faut pas esperer d'vn sang froid & d'vn

sens

sens posé & retenu. C'est cette ardeur qui fait que les Chasseurs transportez du desir de se trouuer aux abois du cerf brossent souuent par des lieux qui semblent impenetrables & courent par des precipices qu'ils n'oseroient regarder s'ils n'estoient point picquez au ieu. C'est de là que ceux qui sont dans vne meslee & eschaufez au combat font des efforts qui passent la commune portee des hommes. Et certes cette agreable emulation qui presse les esprits dans les conuersations studieuses leur donne ordinairement des aiguillons qui les esleuent au dessus de leurs propres forces, & leur fait le mesme bien que le tonnerre fait aux biches qui ne produisent iamais leur fan auecque tant de facilité que quand les esclats les effrayent. Tous estimerent la fougue de Coronat en sa repartie, mais principalement ceux qui en leurs esprits estoient partiaux pour Philarque, leur estant auis que cette introduction leur donnoit quelque auantage sur la partie. Mais Florent qui sans estre ialoux estoit aucunement Riual de la gloire de Coronat, & qui estant en beaucoup d'autres suiets de contraire auis; estoit en cetui-cy diametralement opposé comme partisan de Philarque ne se pût tenir de dire que s'il ne pensoit heurter les pensees de tous les assistans qui tendoient toutes à vn mesme desir qui estoit de voir le Roy victorieux & triomphant de la ville qu'il assiegeoit, il luy seroit aisé de leuer le siege imaginaire que Coronat auoit fait faire à Philarque contre le fort inexpugnable des belles Lettres. Dont l'Autheur minutoit vne sortie si glorieuse qu'il se promettoit de renuerser tous les forts, toutes les redoutes, les tranchees, les lignes de communication, les digues, & les batteries de son aduersaire; ainsi qu'il auoit deffait le camp volant des conformitez du petit frere dans son Apologie. A quoy Coronat repartit promptement & auecque son ordinaire viuacité que la crainte de Florent estoit semblable à celle de cet Hyppocondriaque qui n'osoit lascher de l'eau de peur, disoit-il, de noyer toute la ville où il estoit, s'imaginant que le deluge deuoit sortir de son ventre. Mais puis qu'il s'en r'apportoit à la responce que forgeoit Narcisse il pourroit bien attendre vn siecle auant que ce siege fust leué puisque cet Escriuain auoüoit qu'il faisoit ses ouurages en la mesme façon que l'on bastit les Temples & les villes, c'est à dire, à pas de plomb, & qu'il plantoit des palmes dont on ne gouste le fruict qu'au bout de cent ans. Florent qui sentit la gentillesse de cette pointe ne voulut pas demeurer sans replique: mais

Critobule craignant ou que ces ieunes esprits ne s'aigrissent, ou que cet accessoire ne consumast le temps destiné au principal entretien qui deuoit estre autour des diuers sentimens qu'ils auoient touchant le different des belles Lettres de Narcisse & de Philarque, il imita ceux qui president aux combats de la barriere, & qui leuent la barre quand ils voyent que les tenans & les assaillans passent de la recreation dans la passion, & d'vn exercice de plaisir en font vne semence de querelle. Vrayment, dit Critobule pour interrompre cette picoterie, ces conuenances estoient bonnes pour vne entree de table, mais non pas pour en faire le corps du repas, & ie ne doute point que l'on ne pust aisément repartir à ces paralleles, mais pour rendre nostre conuersation plus vtile il me semble qu'il vaudroit mieux que nous nous iettassions en des discours plus reglez & dont les fondemens fussent plus solides. Vous sçauez ce qu'on dit ordinairement des comparaisons que pour la plus grande part elles sont boitteuses, & il y en a mesme qui clochent des deux costez. En tout cas ce n'est pas vne alleure droite & tousiours il y a de la gesne quand il faut que l'esprit partagé en deux pensees fasse cognoistre vne chose par vn autre. Car bien que cette figure soit excellente & paroisse comme les deux yeux dans le visage d'vn discours, si neantmoins il en estoit trop rempli ne ressembleroit il pas au corps d'Argus qui estoit monstrueux & laid pour estre tout couuert de prunelles. Les comparaisons trop estenduës sont tousiours ennuieuses, mais sur toutes vne longue file de paralelles. Il n'y a point de discours qui paroissent plus liez, & qui toutesfois soient moins suiuis que ceux de cette sorte-là, dont les coupures font voir la foiblesse à chaque bout de champ. Critobule ayant ainsi destourné le change que ce choc pouuoit donner, & remis les piqueurs sur les bonnes voyes. On vint à parler de l'Eloquence Françoise, on traitta de la diuersité des stiles: on fit des iugemens sur les meilleures plumes qui ont escrit en nostre langue; surquoy il me souuient que Nectare parla de cette façon. Certes on ne peut sans iniustice desnier la palme du bien dire en nostre vulgaire à ces trois Parangons qui sont comme le trepied Dolfique, le tres-illustre Cardinal du Perron, Archeuesque de Sens. M. Cœffeteau Euesque de Marseille, & M. du Vair [Eue]sque de Lizieux & garde des sceaux de France. Celuy-là l'emporte pour la pompe & la maiesté du stile. Le second pour la netteté & la douceur; cetui-cy pour la force & le iugement. Ce sont là à mon auis les trois sources où desormais il faudra puiser l'Eloquence & l'Elegance Françoise, & ceux qui en approcheront de plus pres se pourront appeler les plus voisins du but. Et certes il faut auouër que ceux-là en escriuant font les meilleures copies qui ont des traicts plus rapportans à ces trois originaux, & que ces trois grands personnages se doiuent tenir pour les trois patrons de l'Eloquence de nostre langue. Ie sçay que par la bouche du vulgaire courent les noms de deux ou trois, tant Poëtes que faiseurs de Romans qui ont quelque delicatesse, mignardise, & pureté en leur stile, mais outre que la Poësie à son Eloquence toute separee de la Prose ou l'on met l'art Oratoire, ces Autheurs-là qui n'ont escrit que des Fables & des Bergeries ne meritent pas pour les friuoles suiects qu'ils ont traittez de tenir rang parmi ceux qui n'ont appliqué le bien dire qu'aux choses graues & serieuses, & fait paroistre leur sçauoir en des matieres importantes. Car encore que les toiles que filent les araignees soient plus deliees que les plus fines de Hollande, leur inutilité les rend autant mesprisables que celles-cy sont estimees pour leur beauté & leur vsage. Le miel d'Heraclee composé sur l'aconit qui est doux, à vn surcroist de douceur sur celuy d'Hyblee tiré du thim qui est vne herbe amere, mais cetui-cy est autant sain que l'autre est dangereux & nuisible. Ces Escriuains d'amours folastres & deshonnestes qui sont aussi pernicieux aux ieunes gens que les Poëtes, ont en leurs matieres toutes sucrees vn certain appast & vn certain ramas de parolles emmiellees & affectees, ie ne sçay quels mots mignards & delicats, ie ne sçay quelles periodes peignees

& arrondies, ie ne sçay quels agencemens de politesse, semblables aux asficquets au fard & aux frizeures des femmes qui adioustent tant de façon à leur beauté naturelle qu'elle est suffoquee sous l'art & les paremens: mesme leur langage est mol, languide, & effeminé, & s'il y a quelque pointe elle est si fade & de si peu de saueur qu'elle est semblable à ce stile froid blasmé par les Anciens. Et toute la plus grande loüange que l'on puisse donner à ces gentilles fadaises, c'est de les comparer à l'Asne doré dont le stile se sentant des-ja de la corruption de la langue Romaine, comme du declin de l'Empire, à ie ne sçay quoy de gentil, mais rien de Maiestueux ny de beau. Aussi ces Escriuains qui fourmillent en ce temps, comme les mouches en esté, par cette demangeaison d'escrire, que la paix a engendree, dorent leurs asneries, c'est à dire, leurs ignorances auecque les fueilles de certaines parolles courtisanes, de certains menus complimens, & fatras de Cour, & font des liures de cela qui ressemblent à ces arbres que l'on met aux iardins des Rois, qui ont de la beauté sans bonté, de larges branches, de belles fueilles, mais point de fruict, & qui ne seruent qu'à faire de l'ombrage en esté, & à mettre au feu en hyuer. Aussi le peu de duree de ces auortons, tesmoigne leur peu de merite, & fait voir qu'ils ressemblent à ces fruicts tendres, & de peu de suc, qui ne font que de l'eau dans l'estomac; ce n'est qu'vne escume, de quelque apparence & de nulle substance. L'extrauagance de leurs imaginations fait celle de leurs termes, & au lieu de figures de Rhetorique ils ne produisent que des façons de parler monstrueuses. Ixion disent les Poëtes embrassant vne nuee au lieu de Iunon

engendra des Centaures pour enfans.
Et ces Escriuains ne traittans que des
suiects creux & vuides ne produisent
que des fantosmes & des chimeres de
discours qui estonnent les foibles esprits par leur nouueauté, mais qui
sont le suiet du mespris & de la mocquerie des iudicieux. Leurs ouurages
ont quelque ombre & image d'Eloquence, mais n'en ont pas le corps,
leur langage est la voix d'vn outre qui
n'est rempli que de vent, c'est le rossignol du Spartin vne voix & rien d'a-
uantage, vn insecte nay de la corruption de l'esprit non de la generation
d'vn iugement solide, des dragees qui
ne sont bonnes que pour les enfans
& les femmes. Et tandis qu'ils taschent de paroistre doctes deuant les
ignorans ils se monstrent ignorans
deuant les doctes. Leur Eloquence
(si leur stile doit porter vn si beau
nom) est semblable à ces pommes du

lac d'Asphalte, vermeilles à l'œil, cendre & fumee au toucher. Et certes il ne faut pas s'estonner si le bien dire de ces Escriuans dont ie parle est fresle & leger & n'a qu'vne vaine escorce sans moelle; ainsi que le roseau, veu qu'ils ne traittent que des suiects si vains qu'ils ne different en rien des songes. Ce sont des Poëtes en Prose qui nous debitent leurs Pastorales & leurs Cheualeries d'vne façon si eslognee de vray semblance qu'il ne faut pas s'estonner si le iugement (principale partie de l'Orateur) deffaut, ou l'imagination peche si lourdement & est si égaree. Ils pensent escrire de doctes fables sans considerer que c'est donner du poids à la fumee que de vouloir parer de graues ornemens vne fabuleuse doctrine. Cependant il y a quantité d'esprits vains qui s'amusent à chercher des perles dans ces ordures d'Ennius, & qui font comme les enfans qui admirét ces figures que le vent donne & oste aux nues. Encore s'ils n'escriuoient rien de vicieux & de deshonneste on excuseroit leur vanité par leur trop grand loisir, qui leur donne cette inutile occupation pour exercer leurs stiles, mais quand on voit que dans la pureté d'vn langage assez doux ils cachent l'impureté de leurs pensees, c'est ce qui leur oste tout a fait le titre d'Eloquence puisque l'Orateur doit estre vn homme de bien & qui sache dire le bien, & le bien dire. Nectare ayant ainsi parlé il ny eust aucun de la troupe qui ne blasmast ce tas d'Escriuains, de fatras, de Romans & de liures d'amour, chacun auoüant que non seulement ils corrompoient les mœurs, mais encore le bon langage par vn iargon damoiseau indigne du beau nom d'Eloquence. Apres on mit sur le tapis ces belles Lettres qui auoient alors tant de vogue que depuis vn long temps on n'auoit veu vn si petit liure faire vn si grand nom, c'estoit l'entretien de toutes les compagnies & non l'approbation seulement, mais l'applaudissement de toute la Cour qui est le plus esclattant & le plus resonnant theatre de l'Estat, bien qu'il ne soit pas le plus capable, ny le plus iudicieux : c'estoit le breuiaire des amoureux & des dames, on ne parloit de cet ouurage qu'auecque des termes d'admiration & de rauissement, les moindres mots qui retentissoient estoient ceux de merueille & de miracle de royauté des beaux esprits de diuinité d'Eloquence, c'estoit le Bragadin qui auoit trouué la pierre philosophale du bien dire. Ce que tous les siecles passez n'auoient veu qu'en idee il l'auoit trouué, toute la Grece & tout l'Empire Romain n'auoient rien qui esgalast les illustres & nobles façons

de parler de cet Autheur, l'inuenteur
des beaux termes, le dernier effort de
la nature, & le Dieu de l'Eloquence.
La canonization estoit trop peu de
fait, il falloit vne Apotheose, vne di-
uinisation. L'Orient auoit trop peu
de palmes & de lauriers pour couronner cette triomphante & glorieuse teste qui auoit trouué la quadrature du
cercle des periodes, & l'Epicicle du
Mercure des bien-disans: Ce liure deuoit estre le modele, le niueau, & la
regle de la parfaicte Eloquence, &
qui ne vouloit imiter ce langage deuoit estre banni de l'empire du bien-
dire. Les Perrons, les Coeffetaux, les
du-Vairs estoient prescrits, & leurs liures estoient proscrits, cetui-cy alloit
de plain vol au dessus de ce que tous
les Eloquens auoient iamais pû imaginer. Si les dieux eussent voulu parler aux hommes ils n'eussent plus parlé comme Demostene ou Ciceron,

mais à la façon de cet Autheur reser-
uée à nostre siecle comme vn prodige
de sçauoir, & comme ayant trouué
cette sublime Eloquence qui gouuerne les Empires, qui conduit les peuples, qui tonne dans les Republiques,
qui estonne le monde plus que les esclairs & la foudre. Là les Rois deuoient apprendre à gouuerner leurs
Royaumes, là les Parlemens à faire
les Loix, là les Aduocats à former leurs
actions, là tous les Orateurs à dresser
leurs Harangues. Si i'auois autant de
plumes & de voix que les Poëtes en
donnent à la renommee, encore ne
pourrois-je pas rapporter ici tous les
Eloges qui furent donnez à ce liure.
Et son Autheur faisant depuis son
Apologie sous le nom d'vn de ses
amis ne peut estre blasmé de l'excés
des loüanges qu'il se donne, iusques
à se deïfier, puis qu'il n'a esté en cela
que le secretaire de ses partisans, &
l'eco

l'eco de ceux qui le loüoient. Et certes il faut auouër que ce bel esprit pour la netteté & beauté de son stile meritoit d'estre beaucoup estimé affin que cette gloire luy seruit d'aiguillon pour estaler au iour ces grands ouurages qu'il se promet d'enfanter. Encore que la loüange ressemble au vin & aux parfums dont l'excés enteste & nuit au lieu de recreer. Mais comme il n'est point de roses sans espines, de Soleil sans ombres, ny de merite sans contradiction, ce monde ayant pour ses principes l'accord & le discord, & estant tout basti de qualitez contraires, cet ouurage eust ses contrepointes & plusieurs peut-estre pour paroistre plus releuez ne se laisserent pas aller au sentiment commun & possible portez de ialousie contre sa gloire, ou d'enuie contre la fortune que ce grand applaudissement luy preparoit, se mirent à examiner son liure de plus

G

pres, & comme il n'y a rien de si parfait qui n'ait ses deffauts, la Lune mesme & le Soleil, Astres les plus clairs de tous ayans des taches en leurs visages, ces contrarians ne manquerent pas de pincer sur le poli de cette glace qui auoit tát cousté à laisser à son Autheur & aussi à lecher comme l'ourse fait son petit Et de iour en iour à y remarquer tant de deffauts qu'vn seul Philarque en promet vne Librairie. De maniere que ce liure qui selon ses partisans auoit autant d'oracles que de mots, autant de sentences que de parolles, autant de merueilles que de syllabes, autant de mysteres que de lettres, a receu autant de blasmes qu'il a de periodes, autant de reprehensions qu'il a de virgules, autant de censures qu'il a de points, estrange reuolution de cet astre, desastre prodigieux apres vn si grand bon-heur. Ne diriez vous pas que la fortune luy a

fait comme l'Aigle à la tortuë l'esleuant bien haut pour la precipiter &
pour luy faire prendre vne plus lour-
de cheute. Depuis que Philarque eust
paru à la teste de ses contrarians il n'y
eust si petit grammairien qui sous l'es-
corte d'vn Capitaine si fameux ne
voulust enfiler vne carriere, & donner
vne attainte à ce pauteau de quintai-
ne, tous les esprits se trouuerent partagez, & plusieurs qui à l'abord
estoient partiaux pour ces belles Lettres se reuolterent & se rangerent du
parti contraire blasmans ce qu'ils
auoient loüé, reiettans ce qu'ils
auoient approuué & faisans gloire de
leur palinodie. Quantité de petits imprimez sans nom & sans aueu commencerent à faire autour de ce liure
ce que les oyseaux autour du Duc,
chacun selon son ramage & selon sa
passion, c'estoit le tableau d'Apelles
ou plusieurs passoient la pantoufle,

G ij

iufque là qu'en des Hiftoires comiques on mit le ftile de ces Lettres en la bouche du Pedant & du Capitaine de theatre auec des termes hyperboliques & metaphoriques fi extrauagans qu'il ny auoit rien de plus crotefque, ny rien de plus ridicule que ces centons tirez de leur piece entiere, tant il eft vray qu'il ny a point de fi pure fource dont les eaux ne s'alterent felon les lieux par où elles paffent. Cela me fait fouuenir d'vne baffecourt de mefnage champeftre toute remplie de volaille, auffi-toft que l'on y met vn Pan & que ce bel animal commence à faire fa rouë & à eftaler les threfors de fes plumes & les miroirs de fa queuë tous les autres oyfeaux le regardent auecque rauiffement & admiration, mais auffi toft qu'il a plié fon grand bagage & ne monftre plus que la craffe de fes pieds, & principalement quand ils le voyent venir au mangeoir du commun, viuant de vers, de chenilles & d'araignees & se perchant au plus haut des toits pour aualer le vent, il n'y a si petit poulet, ny si petit canard qui ne luy donne des coups de bec & ne l'attaque, car quant aux cocqs, aux oysons & aux volailles d'inde sans difficulté il en est battu parce qu'il n'a point du tout de courage non pas mesme pour se deffendre, en quoy il se monstre plus lasche que les lieures, les rats, & les plus timides animaux. Cela me remet encore deuant les yeux ce superbe Colosse que le Roy des Assyriens vid en songe, qui auoit la teste d'or, les bras d'argent, l'estomac de cuiure, mais les pieds de terre, & qui fut mis en poudre par la cheute d'vne petite pierre. On dit que le diamant qui a vn si bel œil, & le plus grand esclat entre les pierreries ne se brise iamais qu'il ne se mette en poudre, ce liure plus estimé que les diamans par ses admirateurs a esté comme puluerisé par le mespris & la reprehension de ses contrarians, si bien que sur ce suiet il s'est fait vne logomachie ou combat de langues qui a mis vne grande contradiction en la Cité, ie veux dire dans les esprits de la Cour. Car c'est là principalemẽt que c'est debatu ce different (parce que là est le grand monde qui se donne l'authorité de iuger) & d'autant que les parties y estoient Iuges, de là est procedee cette grande varieté & contrarieté d'Arrests. Qui a veu vn vaisseau agité par la tempeste tout à coup englouti dans les abysmes & puis en vn instant esleué dans les cieux, a veu les blasmes non moins excessifs que les eloges de ce liure. Celuy-ci disoit qu'il ne valoit rien, qu'il gastoit la langue, que sa façon de parler estoit bouffie, vaine, enflee, empanachee, monstrueuse, prodigieuse, chimerique, c'est trop outrager ; celuy-là que c'estoit vn torrent qui entrainoit les volontez, vne musique qui charmoit les oreilles, vn parfum qui recreoit l'esprit, que ce liure ne deuoit estre leu qu'à genoux, que ce stile estoit noble, pur, exquis, releué, iudicieux, poli, hardi, fort, nerueux, pompeux, plein de douce maiesté, qu'il regnoit sur les passions, que l'Autheur estoit vn Roy des esprits, vn Apolon, vn Mercure, vn Iupiter tonnant, vne Suade, vne Diuinité, à vostre auis n'est-ce point aller bien auant que d'aller iusques à Dieu. L'Apostre diuin instruit en l'escole du troisiesme ciel & dont l'Eloquence est admiree du Pere de la bouche d'or, dit comme par excés, si ie parlois le langage des hommes, & des Anges, encore qu'en diuers lieux il die qu'il parle de la part de Dieu & par l'esprit de Dieu, & qu'il auoit comme les autres Apoſtres vne des langues que le Sainct Eſprit leur communiqua, langue de Dieu, langue de feu. Ce qui luy fait dire en quelques endroits, Dieu vous exhorte par nous, & encore, c'eſt Chriſt qui parle en moy, & ailleurs ſi quelqu'vn de nous parle c'eſt le langage & la parole de Dieu. Ce n'eſt pas nous qui parlons, mais l'eſprit de Dieu qui parle en nous, mais d'appeler vn homme, mais de ſe dire ſoy-meſme Dieu d'Eloquence & de ſçauoir, c'eſt vſurper le titre de celuy qui ſe dit Dieu de la ſcience, & qui enſeigne le ſçauoir aux humains, de qui vient le langage & la ſageſſe, & qui met la parolle en la bouche des hómes. Certes c'eſt toucher en la prunelle de l'œil, vne perſonne qui a des ſentimens de pieté tels qu'vn Chreſtien doit auoir, que d'entendre en la bouche d'vn mortel ces mots du premier Ange reuolté, ie mettray mon throsne du costé de l'Aquilon, & ie seray semblable au très-haut. Ha! dira ici vn Michel plein de zele, qui est comme Dieu. Il faut estre ami mais iusques à l'Autel, iusques où la Majesté de Dieu n'est point violee. Nabuchodonosor se disoit Dieu & il deuint beste. Les Geans qui voulurent prendre les cieux par escalade furent enseuelis sous les montagnes qu'ils auoient entassees. Dauid representant des Eloquens qui blasphement, les fait parler ainsi. C'est à nous de rendre nos langues magnifiques, nos leûres & nos propos sont à nous, qui en est l'Autheur, qui en est le Seigneur, sinon nous. Cela est vn blaspheme épouuantable en voulez vous voir la parafrase, estre créateur de ses pensees, de son stile, de ses conceptions, n'en deuoir rien, ny à l'imitation, ny à l'emprunt de personne, non pas mesme à Dieu qui est seul Createur de toutes choses, qu'est-ce à dire cela, n'est-ce pas blasphemer eloquemment, & faire comme ces braues qui iurent par ornement de langage. Philarque de la grande moisson de son examen a laissé tomber cet espi dont il eust sans doute fait vne grosse gerbe s'il s'en fust apperceu.

CONFERENCE ACADEMIQUE.

DEVXIESME PARTIE.

Ous ces discours se tenoient confusement sur ce liure, tantost par l'vn, tantost par l'autre, dont i'estois le muet auditeur, & comme spectateur du combat, & ie ne puis pas bien distinctement me souuenir de quelle sorte ils furent deduits me contentant d'en r'apporter la substance, il me souuient neantmoins que Sceuole & Prudence se trouue-

rent d'auis contraires & chacun d'eux attirant à soy des approbations de son opinion, la compagnie se trouua partagee. Solon en ses Loix ordonnoit vne punition à ceux qui en vne sedition publique demeuroient neutres, les estimant des personnes froides & peu amoureuses du repos de leur païs qu'ils deuoient procurer en se iettant en quelqu'vne des factions, non à dessein de la soustenir, mais pour adoucir les courages & accoiser le tumulte. Nous eussions esté punissables, Critobule & moy par cette ordonnance, parce que nous n'espousasmes aucun parti laissans les autres contester sur ce different. Ceux qui blasmoient ces Lettres ne faisoient quasi que repeter les raisons de Philarque dont les deux parties entre les autres qu'il promet, font voir les fautes de ce petit liure beaucoup plus grosses que le texte, si bien que le lire auecque Philarque c'eſt faire comme ceux qui liſent vn liure de menus caractères auecque des lunettes qui aggrandiſſent les obiects. Neantmoins prudence ayant obtenu audience pour donner quelque ordre à ſon diſcours le commença de cette façon. Toutes les matieres de ces Lettres ſe peuuent reduire en quatre claſſes, ou ſi vous l'aimez mieux ainſi, en quatre Chapitres de lieux communs, dont le premier ſera des Flatteries, le ſecond des Vanteries, le troiſieſme des Railleries, & le quatrieſme des Hyperboles. Ce ſont là les quatres rouës du chariot qui a fait triompher cet ouurage, parce qu'il ny a rien qui chatouille tant les ſans & l'eſprit que ces quatre choſes. La plus part de ces Lettres ſont eſcrites à des grands, à qui il ne faut parler qu'auecque des termes d'or & de ſoye qui les dépeignent non tels qu'ils ſont, mais non tels qu'ils penfent, ou qu'ils deuroient eftre. Celuy-là difoit, cet ancien Courtifan ne doit point approcher des grands qui ne fçait flatter, & encore que l'Efcriuain des Lettres protefte en diuers lieux qu'il ne fçait pas flatter, mais qu'il fçait l'art de dire la verité de bonne grace, & de tracer des loüanges qui dureront eternellement, c'eft à dire, par delà l'Epitaphe du monde, fi eft-ce pluftoft vn defguifement ou vn artifice oratoire femblable à celuy de ces mefdifans qui pour authorifer leurs calomnies & les faire plus doucement couler en la creance de ceux qui les oyent difent quelque peu de bien des perfonnes qu'ils veulent blafmer, faifans comme ceux qui trempent la pointe des fleches ou des lancettes dedans l'huile pour la rendre plus penetrante, fes parolles, dit le Pfalmifte parlant du detracteur font molles comme l'huile, mais aiguës comme des traicts acerez, & en vn autre lieu il appele la flatterie l'huile du pecheur. Le iuste, dit-il, me reprendra auecque misericorde, mais l'huile de la flatterie ne parfumera point ma teste. Et la façon de parler flatteuse est tousiours si agreable qu'Alexandre ne trouuoit point de meilleure musique que celle qui entonnoit ses loüanges. Piperie merueilleuse qui ne charme pas seulement ceux qui sont loüez, mais encore ceux qui entendent loüer les autres. C'est là donc vne des causes de l'applaudissement de ce liure, parce que les hommes suiuent l'odeur de la loüange, comme les animaux la Panthere à cause du parfum qui sort de sa peau. Le second regiftre est celuy des Vanteries, viande venteuse, mais delicatte comme les truffes & les potirons, & d'effect entre les personnages de la Comedie il n'y en a nul qui fasse tant rire que le

Capitaine auecque ses brauades, ses rodomontades, & les loüanges qu'il se donne en termes extrauagans. Et c'est ici le suiect qui a fait par Philarque donner le nom de Narcisse à cet Autheur si amoureux de luy mesme, que comme l'ancien Antipheron qui voyoit tousiours sa figure deuant ses yeux, parce qu'il les auoit si debiles que l'air luy rendoit le mesme office que la glace d'vn miroir, cet Escriuain se trouue par tout, & s'il preste quelque loüange à autruy c'est pour la retirer incontinent à soy auec vne vsure prodigieuse. Dauid dit que son Oraison retourne dans son sein pour enseigner que de la loüange que nous donnons à Dieu le merite nous en reuient. Cetui-cy ne loüe iamais ny grand, ny petit, que ce ne soit à dessein d'adiouster à sa propre taille au moins vne coudee, imitant le Roitelet qui s'esleua bien haut sur les aisles

de

de l'aigle. S'il loüe des Prelats & des grands il fait tellement le compagnon qu'il se met à costé d'eux & marie aussi-tost sa plume à leur espee & à leur grandeur, bref il ne brusle pas vne pastile de loüange dont il ne boiue aussi-tost la fumee. Que si les moindres petits traicts de vanterie qui ont quelquesfois eschapé sans y penser de la bouche des Orateurs Anciens ont tant diminué de leur gloire & donné tant de suiet à leurs enuieux de se mocquer de leur ineptie, comment meritera le nom d'Eloquent & d'vnique Eloquent, & de phœnix d'Eloquence celuy qui par tout ne parle que de soy, ne vante que soy, n'estime que soy-mesme, faisant litiere de la reputation de ces grandes lumieres dont l'antiquité nous fait feste. Certes si cela est Eloquence il est l'vnique Eloquent en cela, mais si c'est vn des grands vices de l'Elo-

H

quence il est bien esloigné de sa pretension. Quant à la Raillerie, troisiesme rouë de son chariot triomphal, c'est vn mets si friand que chacun y court & en peut on appeler les traicts les vrayes confitures de l'esprit des mondains. A la Cour vn homme qui a de bons mots & qui est railleur c'est le cocq de la compagnie, tous ceux qui l'enuironnent attachent leurs oreilles à sa langue auecque les filets de l'Hercule Gaulois, & boiuent comme de la maluoisie, ou plustost comme du nectar les parolles qui sortent de sa bouche. Vn traict est-il aigu & gentil, vne rencontre de mots heureuse aussi-tost aux exclamations, aux admirations, aux rauissemens, chacun le graue en sa memoire, & redit on cent fois mal à propos ce qui a esté dit vne fois bien à propos. Il y en a mesme qui en font des remarques & des registres. Il ne faut donc pas s'estonner si ces Lettres estant toutes farcies de ces traits de gausserie, de plaisanterie, de liberté, pour ne dire auecque Philarque de libertinage ont eu vn tel succez dans l'applaudissement de la Cour, qui est l'element de la raillerie & le theatre de la galanterie, mais d'esleuer des traicts folastres iusques sur le throsne le plus sublime ou iamais l'Eloquence ait esté assise, iusques à leur dresser des paranymphes, des canonisations & des apotheoses, cela certes n'appartient qu'aux Courtisans, de qui les discours ne sont point releuez à leur gré, s'ils ne donnent dans l'extremité des extremitez, vn homme n'est point vaillant si à leur dire il n'est le plus vaillant du monde, braue, galand, sçauant, poli, eloquent ; s'il n'est le plus braue, galand, sçauant, poli, & eloquent du monde. C'est ainsi que iugent de ces belles Lettres ceux qui n'eurent ia-

mais la moindre teinture des bonne[s]
Lettres, ô siecle peu iudicieux & im[-]
pertinent. Le quatriesme Chapitr[e]
& peut-estre le plus ample de ces lieu[x]
communs est celuy des Hyperbole[s]
qui sont aussi frequentes en cet o[u-]
urage que les miroirs en la queuë [d'un]
pan. Certes encore que l'œil soit [la]
plus belle partie du corps humain,
faut-il auouër qu'Argus (comme tan[-]
tost nous disoit Critobule) pour e[n]
auoir trop, en estoit laid & mon[-]
strueux, l'hyperbole est vne figure d[e]
l'art Oratoire dont il se faut seru[ir]
comme du sel aux viandes pour les a[s-]
saisonner, non pour les en couurir,
en faut vser comme des champ[i-]
gnons en prendre peu & souuent, e[n-]
core faut-il l'adoucir de telle faço[n]
que son extrauagance ne la rende p[as]
ridicule, mais ne tuër vn homme q[ue]
par la cheute d'vne montagne, ou p[ar]
toutes les foudres d'vn Automne, fa[ire]

re trauailler toute la nature pour en former vn, & en reseruer vn autre apres l'embrasemēt de l'Vniuers pour faire l'Epitaphe du monde, & cent autres semblables qui ne surpassent pas seulement le cothurne, mais les eschasses, & auecque des lunettes hyperboliques faire manger des cerises pour des melons, faire des tempestes en la mer auec vn euentail, manger des muscats en vn repas autāt qu'il en faudroit pour enniurer la moitié de l'Angleterre, brusler en vn iour autant de parfums que toute l'Arabie en produit, & se sauuer à la nage à trauers vn deluge d'eau de naphte sorti d'vne fiole, à vostre auis sont ce les imaginations d'vne personne sobre & à ieun. Il y a des corps monstrueux que l'on n'admire pas pour leur beauté, mais pour leur nouueauté, & des façons de parler prodigieuses, qui sont estimee des ignorans pluftost pour leur extrauagance & leur rareté, que pour leur dicence & naïueté. Quand vn comete paroist tout le monde veille pour le contempler & pour voir leuer le Soleil, nul ne s'en reueille ny ne s'en releue plus matin. S'il arriue en vne bourgade, vn chameau, vn elephant, vn ours, bestes hydeuses, mais rares, chacun y court, & à quelque prix que ce soit en veut auoir la veuë; pour considerer vn beau cheual, vne belle peinture, peu de gens s'y arrestent. Les iongleurs ne pouuans imiter la decence de la Noblesse en la dance, ny cette grace, ny ce port, ny ce maintien maiestueux des honnestes gens, se mettent à faire des sauts perilleux, & des postures bigearres. Et plusieurs ne pouuans arriuer à la vraye Eloquence qui consiste en douceur, grauité, pureté, maiesté, netteté, simplicité, rondeur, bien-seance, fluidité, egalité, force, polisseure, iugement, abondance, pompe, & tant d'autres qualitez qui assaisonnent le discours du parfaict Orateur, se iettent les vns à des termes innouïs, les autres à des façós de s'exprimer monstrueuses & insolentes, d'autres fuient les figures comme des escueils, encore que ce soient les ornemens de l'art de bien dire, d'autres les ramassent comme des gerbes en vn tas, & font de leurs discours comme des espousees de village que l'on rend laides à force de les parer. La cause de leur erreur c'est qu'ils veulent s'escarter des chemins battus, ils haïssent le vulgaire prophane, & ne veulent point s'esleuer au sommet de la perfection par la route ordinaire, les pensees vulgaires & les mots communs leur déplaisent, sans considerer que c'est le seul vsage qui donne le cours aux paroles comme à la monnoye, leur pris où leur rebut prouenant de son approbation ou de son desaueu. Quant aux conceptions sans doute les plus communes sont les plus approuuees & les plus saines; les moins ordinaires encore que bonnes & raisonnables sont tousiours suspectes de fausseté, quoy que leur nouueauté les rende agreables. On ne s'esgare que par les routes destournees, non par les chemins royaux & frequentez. Il faut vser des mœurs anciennes & des perolles pesentes, & aux termes, comme aux habits s'accommoder à la façon qui court, souuent pour éuiter vn abisme on tombe en vn autre, & pour fuïr les dictions & les imaginations vulgaires on se iette aux extrauagantes. Quand les monstres naissent c'est signe du desreiglement de la nature qui en son vray ordre ne produit que des choses ordinaires. Les filles n'ont des appetits bigearres que quand elles ont les pasles couleurs, saines elles ont en horreur ce que frapees de cette maladie elles desiroient auec auidité. C'est la marque d'vn esprit mal ordonné & qui manque de sens commun de reietter le commun sens des parolles pour se seruir, ou de termes, ou de locutions fantasques dont la signification est comme enigmatique, & la metaphore tiree de si loin qu'il faut faire vn grand circuit pour trouuer ce qu'il veut dire. Ie ne di pas que tous ces deffauts se trouuent en l'Autheur des Lettres encores que Philarque le charge de bien plus grandes erreurs, mais i'ay dit tout cecy à propos des hyperboles qu'il a tellement affectees que l'on ne sçauroit trouuer vne page qui en soit exempte, ou plustost qui ne soit infectee de cette figure dont le vray Orateur ne se sert que comme les medecins des poisons auecque beaucoup de preparatifs. Les pans sont beaux, mais ce n'est pas vn bon mesnage d'en nourrir, parce que s'ils delectent l'œil ils descouurent les toits & font beaucoup d'autres dommages. L'hyperbole est delectable, mais quand elle est trop frequente & tiree par les cheueux elle descouure la vanité & la pauureté du discoureur, & à force de plaisanter elle donne iusques à la bouffonnerie. Aussi les plus sensez ont ils tenu ces Lettres plustost pour vn liure de recreation & de plaisir, que pour vn ouurage serieux, & quand les Lettres passionnees que les Vestales ne peurent lire se fussent perduës auecque tant d'autres, peut-estre que le public eust profité en cette perte, & quand les maladies & les voluptez de l'Autheur dont il semble faire parade, eussent esté voilees sous le rideau du silence la cognoissance n'en eust pas esté si scandaleuse, & l'ignorance plus salutaire au prochain &

plus glorieuse à sa reputation. C'estoit assez de vouloir paroistre bien disant sans se faire cognoistre mal viuant, & en haine de l'hypocrisie manifester les licences de sa ieunesse, n'estoit ce pas se purger d'vne fausse vertu en s'accusant de vices veritables. N'est-ce pas cela heurter, ou plustost renuerser tout a fait la premiere partie de la definition de l'Orateur & renoncer à cette prud'hommie qui luy doit estre essentielle. Ce n'est pas que ie vueille porter toutes choses au criminel, comme fait Philarque en sa premiere Partie, & que ie ne vueille me persuader que l'Orateur aussi bien que le Poëte peut auoir vne vie honneste & vne plume licentieuse. Toutesfois on cognoist l'oyseau à la voix & à la plume, & le stile est le caractere le plus naïf des mouuemens de l'ame. Son Antagoniste ne se contente pas de remarquer en ses escrits tous les vices de l'Eloquence si encore il n'y adiouste tous ceux de la vie, de moy ie croy l'Autheur plus sage & plus honneste que luy mesme ne se dépeint, & ie ne pense pas qu'il voulust passer pour tel qu'il se descrit dans l'estime & l'opinion des hommes, il l'a trop bonne de luy-mesme, & en beaucoup de lieux sa plume a trahi son iugement. On ne peut nier qu'il n'ait la diction fort nette, & son aduersaire mesme qui le taste par tout & ne luy laisse presque rien d'entier, ne le pince de ce costé là que sur le mot d'eriger des statuës où il fait vne obseruation merueilleusement subtile & delicate. Hors cet endroit de tout le reste du corps il ne fait qu'vne plaie, mais plaie qui escorche depuis la teste iusques aux pieds. Il faut que i'auoüe qu'auant Philarque la premiere lecture de ces Lettres m'auoit tellement frapé le sens que mon œil esblouy de l'esclat de cette extraordinaire façon d'escrire ne me laissoit pas assez de discernement pour remarquer les particularitez du pot aux roses que son aduersaire a descouuertes. Ie diray seulement qu'auant que i'eusse veu l'anatomie de ce liure ie ne pouuois comprendre comme l'on attribuoit toutes les parties de l'Orateur & de l'Eloquence à vne liasse de Lettres si petites que le moindre Banquier de Rome en fait autant en deux iours au départ de l'ordinaire. Mesme tous ceux qui ont enseigné l'art de bien dresser des lettres n'y mettent point les ornemens de ces grandes harangues qui flottent à leur aise comme des grands fleuues dans leurs larges licts, & qui portent où il leur plaist les assemblees entieres par la force des raisons soustenuës de parolles nettes, coulantes & bien arrangées, & animées d'vn ton de voix gracieux, &

d'vn mouuement agreable. Aussi n'est-ce point en ce genre d'escrire que l'Orateur Romain a lasché ses maistresses voiles, ny déployé les miracles de son Eloquence. Et quelques raisons qu'auance l'Autheur en cet Eloge qu'il s'est fait en forme de Preface sous le nom d'vn de ses amis, ie n'ay pû me persuader que dedans la brieueté d'vne lettre dont le stile doit estre familier, on peut faire paroistre tous ces thresors que l'Eloquence emprunte de tant de lieux pour embellir ses ouurages. Ce que Zenon disoit de la Dialectique qu'elle ressembloit au poin clos, se peut ce me semble dire d'vne lettre, ou les raisons doiuent estre si pressées que chaque periode y en fasse vne, mais c'est aux Harangues où aux escrits estendus auecque liberté que se doit employer l'effort de l'Eloquence, estant bien assez que les Lettres pour estre accomplies se contentent de l'honneur de l'Elegance. Il est vray qu'il en est de l'Eloquence comme de l'honneur qui se change selon les diuerses qualitez des personnes à qui il est rendu, aussi elle diuersifie son stile selon les actions où elle est employee, autre est l'Eloquence d'vne lettre, autre d'vne Harangue publicque, autre de celuy qui donne son auis en vn Conseil d'Estat, ou de Iustice. Et comme le mesme vent qui fait resonner l'orgue change de ton selon les registres, & l'eau d'vne mesme source partagee en diuers tuyaux coule plus amplement par les larges que par les estroits; aussi l'Eloquence à t'elle des champs plus spacieux & des theatres plus specieux les vns que les autres, & où elle se monstre & agit bien differemment. Tous les oyseaux ont des aisles, mais ils ne volent pas tous également, il y en a qui ne volent point du tout, d'autres à rencifes, d'autres fendent l'air comme il leur plaist, les lettres pliees en leur origine monstrent que les aifles de l'Eloquence y font liées; aux harangues priuees on peut l'employer à remifes, mais pour le plain vol il n'y a que la tribune aux harangues. Il eft aifé à vn homme priué d'efplucher par vn long eftude fi particulierement tous les preceptes de l'art de Rhetorique, qu'il fera comme ces fages fourmis qui ne font point d'enfans encore qu'elles aident aux autres à en faire: mais de fçauoir quels font ces facrez tranfports & ces puiffans enthoufiafmes qui en l'action emportent l'Orateur hors de luymefme & luy font dire & faire ce qu'vn fens raffis & froid ne peut feulement conceuoir, il n'appartient qu'à ceux qui font rompus à l'exercice des actions publiques. La foibleffe du vol d'vn oyfeau fe monftre quand

quand il va voletant de branche en branche ne pouuant faire d'eſſor, en celle d'vn eſprit quand il va ſautelans de ſuiet à autre, n'ayant de la vigueur & de l'haleine que pour souſtenir cinq ou ſix periodes. Faire vne lettre de quatre pages ou l'on parle de cinq ou ſix differentes matieres pour la plus grande part, ou friuoles, ou inutiles, ou ridicules n'eſt-ce pas pour faire paroiſtre la foibleſſe d'vne plume & vne ſterilité de penſees & de diſcours, comme ces neceſſiteux qui font cognoiſtre leur pauureté par leurs habits rappiecez, faire vn ramas de nouuelles & bondir des prez aux vignes, n'eſt ce pas faire vne gazette. Parler à chaque ſuiet de toutes choſes, & à chaque choſe de tous ſuiects, n'eſt-ce pas dire vn peu de tout, & de tout rien. Entreprendre vn deſſein & n'entrer iamais en matiere, tournoier autour du but, & n'y viſer iamais, beaucoup moins l'attaindre, esgratigner tout & n'enfoncer iamais rien, c'est faire comme les bourdons qui voltigent autour des fleurs, mais n'en tirent iamais le suc pour en faire le rayon de miel comme l'abeille, c'est estre diseur & non pas bien disant. Pour moy ie n'ay iamais pû me persuader qu'a si peu de frais on pust pretendre à la royauté des bons esprits, à la principauté du sçauoir, & à la diuinité de l'Eloquence, si ce n'est à ce diademe que les autres arbres dans la parabole de l'Escriture defererent à vne ronce en le refusant. Non plus qu'à l'Empire de la poësie en demeurant trois mois à ronger ses ongles & alambiquer son esprit sur vn Sonnet, vne Ode, vne Chanson sans enfler iamais la veine, ny s'estendre sur vn ouurage heroïque ou l'on puisse cognoistre la force ou la foiblesse de la portee de l'ouurier, dire tousiours nous ferons, nous dirons, nous escrirons, nous grauerons sur l'erain, & sur le marbre, nous consacrerons vn nom à la memoire, & à l'eternité, & ne venir iamais à l'effect de ces belles promesses, n'est-ce pas ressembler à ces nauires peintes qui ont les voiles enflees & sont tousiours en vn lieu. C'est peut-estre que ces Messieurs ont peur de faire de grands pechez en composant de gros volumes, & certes il est à croire que s'ils font de grandes fautes en des petites pieces ils n'en feroient pas de petites en des grandes, veu qu'en des longs ouurages il est mal-aisé d'auoir tousiours l'esprit tellement tendu que l'on ne sommeille point quelquefois, le bon Homere, ce Poëte incomparable, ayant assez souuent dormi dedans les siens. Ils diront peut-estre qu'en ces petits essais ils monstrent la grandeur de leurs pensees, le pas faisant cognoistre

I ij

la hauteur d'Hercule, & l'ongle seul la force du lyon. Si cela est il n'y aura point de plus excellente toile que celle de l'araignee puisqu'elle y mettant de peine & de soin que pour la faire, elle file ses propres entrailles. Certes le trauail employé autour d'vne chose friuole est vn inepte trauail, & la loüange qui procede d'vne chose inutile n'est qu'vn peu de fumee. A vn homme qui s'estoit adextré à ietter vn grain de millet de certaine distance & à le faire passer dans le pertuis d'vne aiguille, Alexandre en ordonna vn boisseau pour ne perdre l'vsage d'vne si excellente industrie, recompense mocqueuse digne de ce badinage. Ceux qui affligez du calcul se deschargent de quelques pierres ont les mesmes douleurs d'vne femme qui enfante, mais ils n'ont pas l'honneur d'auoir mis au monde vne creature si noble. Mettre tout son sens, tout son esprit, tout son sçauoir dans vn Sonnet; dans vne lettre, dans vne Stance, c'est r'enfermer sa suffisance dans vn bien petit espace, & imiter ces ouuriers qui mettent vne nauire à l'abry sous l'aisle d'vne mouche, qui arment ou enchaisnent des puces, & qui font des quilles dont le ieu, la boule & la boëte ne pesent qu'vn grain de bled. Ce ne sont pas les bons iugemens qui estiment les difficiles fadaises. S'il faut auec vn grand trauail & auec vn penible effort d'esprit peindre pour l'eternité il me semble que ce doit estre en des suiects plus serieux & en des matieres plus durables, & que c'est mettre à vil pris la gloire de la science que de l'abaisser sur la teste de ces petits ouuriers. Aussi tout le monde s'attend auec beaucoup d'impatience de voir bien tost grossir les œuures de l'Autheur des Lettres de ce grand ouurage dont il parle tant & depuis si

I iij

long temps, & que là il desployera les maiftreffes voiles de fon Eloquence incomparable, & bandant tous les nerfs de fon efprit qu'il defcouurira tous les refforts de fa doctrine, cette folitude ou cet hermitage où il entrera plus de pieces qu'en la Republique de Platon. Ce prince trauail inimitable, dont le fragment qui s'eft fait voir comme vn efchantillon a efté defchiré en lambeaux par Philarque, fera voir fi la principauté des beaux efprits luy demeurera, ou fi la couronne luy durera auffi peu fur la tefte qu'au Roy de Boheme. Ce grand iugement des viuans & des morts (fi ce mot fe peut dire fans blafpheme & fans vfurper l'office du Fils de Dieu à qui le Pere a donné tout iugement) ce iugement qui doit paffer celuy de Michel Ange & de l'Archange encore, s'il luy plaift ainfi, & balancer toutes les actions des hommes d'vn fi iuste poids qu'il sera égal à celuy du sanctuaire. Ce iugement dernier du premier de tous les Eloquens qui doit censurer tout l'Vniuers, & sans misericorde faire le procés à des criminels que les Parlemens adorent, c'est à dire, aux Rois & à la faueur auec vne bien plus ample liberté & vn ton bien plus redoutable que celuy des Lettres, ou les Papes, les Rois, les Cardinaux, les Princes d'Italie & des autres nations sont pincez iusques au vif, sans doute cet effroyable iugement ou l'Eloquence sera assise sur vn throsne de feu auecque des foudres à la main, & son Ministre couuert de lauriers comme vn Alexandre fera trembler les morts & les viuans, & passera les censures de l'Aretin dont la langue & la plume ne pardonnerent qu'à la diuinité qu'il ne cognoissoit pas. Mais il est à craindre que la responce à Philarque qui tarde plus à venir que si on la tiroit comme la flotte d'Espagne des minieres des Indes ne r'enuoye à longues annees, & lors que l'elephant parlera deuant le grand Seigneur, la naissance de ces grands ouurages, tant promis, tant attendus, & qui ne sçauancent sur l'orison qu'à pas de Saturne. Il est à craindre que ces belles promesses ne ressemblent à certaines femmes qui n'estans grosses que de vent n'enfantent que du vent, & lors que leurs cris tesmoins de leurs douleurs ont ramassé tous les voisins pour voir ce bel enfant qui doit venir au monde, il ne sort de leur ventre qu'vn postillon d'Aeole, vn peu d'air enfermé qui poussé auecque vehemence est cause de la mocquerie de tous les assistans. Il est à craindre que l'Histoire de Pierre Paschal si bien choisie par Philarque ne deuienne vne prophetie, & que ces montagnes d'or qui deuoient produire tant de richeſſes d'Eloquence n'enfantent que des ſouris, & en ſuite des ſouſris. Toutesfois puiſque l'Eloquence n'eſt autre choſe que l'art de bien dire & de bien arranger des paroles, il eſt à croire que le Roy des Eloquens ſera prince de parole, & puiſqu'en la diuinité le faire & le dire marchent enſemble, le Dieu de noſtre Eloquence Françoiſe ne ſera pas menteur, ny larron comme le Mercure des Anciens. Quand ſa parole ne ſeroit point engagée au public par tant de ſolemnelles promeſſes le titre d'œuures qu'il a donné à la derniere edition de ces Lettres auparauant confuſes & depuis rangees en quatre liures comme le Caos embrouillé fut diſtingué en quatre Elemens, & ces mots de premiere Partie l'obligent à faire monſtre des autres parties de ſes œuures, & entre les autres de celuy qui par excellence eſt appelé le grand ouurage, comme le grand œuure des Alchimistes extreme effort de ses muses & de son esprit & l'Apogée de l'Eloquence, & apres ce iugement espouuantable, en suitte cette solitude diuine, cet hermitage extatique, ce Prince accompli la plus viue image de la diuinité & le plus rare suiect ou se puisse employer l'Eloquence, car ce qu'est l'or entre les metaux, c'est le Prince souuerain entre les hommes. Mais la deffence contre Philarque seruira, i'en ay grand peur, de remors à tous ces grands desseins, & puis on viendra à la reproche faitte en l'Euangile à celuy qui commença de bastir & ietta de grands & superbes fondemens, mais à peine eust-il tiré les fondemens hors de terre que le fonds de la bourse manqua, & il ne resta de toutes ses entreprises que des masures & des fragmens. Ainsi la Reine de Carthage animee d'vne autre passion à la venuë & à la veuë du beau Troyen quitta le soin de ces hauts bastimens & de ces grandes machines où elle commençoit à faire paroistre sa magnificence Royale. Car en fin à quel autre dessein que pour nous faire voir tant de rares pieces, auroit-il changé le titre de Lettres non si conuenable seulement, mais si necessaire à celles qu'il a publiees, en celuy d'œuures que pour nous faire voir en suitte ces admirables ou plustost adorables chefs-d'œuures qu'il ne faudra lire qu'à genoux. Ce mot d'œuures presuppose vn ramas de traittez, differens en genre d'escrire, de pieces diuerses en espece, & differentes en la matiere & en la forme. Ainsi dit on les Oeuures de Ciceron qui a fait des traittez Philosophiques, des actions Oratoires, & des Lettres; ainsi est il de tous les autres Autheurs de qui l'on a recueilli les Oeuures pour les conseruer en vn corps. Mais qu'vne centaine de Lettres partagées en quatre liures portent ce grand frontispice les Oeuures de M. N. c'est ce que ie n'auois point encore veu qu'en cet Autheur, non plus des Lettres, mais des Oeuures comme qui diroit par excellence le Maistre des Oeuures, l'vnique Eloquant, le Phœnix des Orateurs, le Roy des beaux esptits, l'Empereur du sçauoir, le Dieu de nostre Eloquence. Ouurez donc ces fueilles de la sibille vous verrez vne lettre dedicatoire sous le nom d'vn amy, vne Preface sous le nom d'vn autre, apres cela le premier liure des Oeuures de N. & aussi-tost en parade lettre premiere de M. le Cardinal de R. & en suitte lettre seconde, troisiesme, & les autres sans titre, sans addresse, sans nom, sans argument, sans suiet, sans dessein. Et en la Table ce qui est de plus agreable est que pour trouuer la lettre que vous cherchez dans ces Oeuures de haute lice, le premier mot est marqué comme Monseigneur, Monsieur, & les autres parolles qui les commencent comme s'il estoit question de trouuer vn Pseaume ou quelque Chapitre de la Bible, ou quelque respons, Antienne, ou Leçon de Breuiaire, nouueauté fort ancienne, & methode assez mal commode pour trouuer ce que l'on desire. Plusieurs ont voulu philosopher pour quel suiet il auoit osté les noms des personnages à qui il addressoit les diuines Lettres aux precedentes impressions diuers disent diuerses choses, chacun estant libre en son iugement, les plus seueres tyrans n'ayans iamais pû contraindre ny captiuer ceux de leurs peuples, mais la plus commune opinion est que ces deux grands Cardinaux & autres personnes de qualité eminente auec qui il fait le compagnon les entretenant de sa fieure, de la sciatique, de sa grauelle, de ses voluptez Romaines, de la belle Huguenote, des nouuelles de la gazette, de ses railleries & des autres fantaisies de son esprit accablé de douleur & de melancholie ont trouué fort mauuais de se voir dans ce liure, fueilleté de tant de gens de loisir, seruir de diuertissement aux compagnies, & estre le suiet des entretiens & des gausseries des rieurs, & que par vn commandement secret il a effacé leurs noms comme de personnes reprouuées de ce liure de vie. Ou certes vne de nos Muses sera bien marie d'auoir perdu cette immortalité qu'elle s'y promettoit dans vne Ode enfantée auecque non moins de longueur & de trauail que l'vne de ces belles Lettres. A n'en mentir point ce nom d'Oeuures mis à la derniere edition m'estonna & me donna suiet de regarder promptement s'il n'y auoit point quelque autre piece que ces Lettres des-ja tant veuës, reueuës, augmentées, racourcies, & corrigées, des-ja tant lauées, relauées, retastees, regratées, r'accommodées, r'habillées, redressées, relimées, repolies, rappiecées qu'elles ressembloient à la nauire des Argonautes tant de fois radoubée qu'on y voioit fort peu de pieces qui eussent fait le voyage de la toison d'or, & certes quelques curieux conferans la premiere edition auecque la derniere y ont trouué tant de difference qu'il leur a semblé que c'estoient deux liures de diuers Autheurs, & qu'à force de polir & raiencer son ouurage il la gasté, les dernieres fautes estans pires que les premieres. De moy qui ne me suis pas donné tant de loisir i'ay seulement recognu que ces ruisseaux ne se sont pas esclaircis en s'esloignant de leur source, & que les corrections ne rencontrent guere plus heureusement que les deffauts. Rien que ce titre ne m'a estonné, & il m'a semblé qu'il auoit imité en le changeant, cet Empereur Ancien qui faisoit mettre la figure de sa teste sur les corps des simulacres de ses Dieux qu'il faisoit decapiter. Il m'a semblé qu'il deuoit laisser à ses Letres le nom de leur baptesme sans les faire confirmer si tost sous celuy d'Oeuures, ou au moins qu'il les deuoit accompagner de quelques pieces d'autre espece, puis que ce nom d'Ouures de M. N. luy plaisoit tant. Ce mot d'Appius Claudius m'echapa en voyant cette inscription, qui a fait prendre coup à cet esprit du costé de la ruine, esprit qui sembloit fondé sur vn si droit allignement, & auoir si bien pris ses mesures. Qui ne reprendra l'Architecte qui fait vn portal disproportioné à la maison. Quel autre titre peut-on donner aux escrits

escrits de sainct Augustin & a tant de beaux volumes que les Anciens Peres de l'Eglise ont enfantez à la lumiere. Peut-estre dira-t'on que ce ne sont icy que les basses Oeuures de cet Escriuain, & qui ne sont que pour les ruelles de lict: mais que si vn iour il estale ses hautes Oeuures & s'il marche sur le Cothurne il nous fera voir quelque chose de graue, de tragique & de sanglant. Alors quel titre donnera-t'on à ces Ouurages de plus grand relief, car si à des lettres humaines il donne le nom d'Oeuures, si ce Dieu d'Eloquence se met dans les diuines il fera des operations surnaturelles & des emanations miraculeuses. Vous direz que ie m'esfarouche de peu de chose & que ie me cabre sur vn mot; qu'apres tout ces Lettres sont de ses Oeuures puisque ce sont les traicts de sa plume & que l'on ne laisse pas de dire les Oeuures d'vn tel

K

Autheur encore qu'il n'ait fait qu'vn liure; s'il n'a fait qu'vn liure il me semble que c'est assez de dire l'Oeuure d'vn tel Autheur sans faire plusieurs choses d'vne, & peut-estre qu'il a divisé ses Lettres en quatre liures pour auoir suiet de mettre à la teste de cette poignée de fueilles les Oeuures de M. N. vanité si solemnelle que ie m'estonne comme elle est eschappée à l'œil de Philarque, œil si exac qu'il remarque les nœuds en vn ionc. Il faut que i'auoüe qu'auant que ce grand personnage m'ouurist les yeux i'estois dans l'erreur populaire, & encore que ie remarquasse en ces Lettres des nouuelles estoilles, des nouueaux mondes, ou plustost des nouuelles modes d'Eloquence, & des sources, & des mines, de façons de parler fraischement descouuertes, leur nouueauté, par sa delectation me couuroit leur estrangeté & leur monstruosité, si bien qu'au lieu de contredire ie me laiſſois aller à la voix commune & à l'applaudiſſement du theatre qui ne ſuit pas touſiours les meilleurs acteurs. Mais depuis que par la pierre de touche de ce maiſtre examinateur i'ay pû diſcerner le bas or d'auec le franc alloy, & que par l'eau de départ i'ay pû diſtinguer la fauſſe Eloquence de la vraye, ie me ſuis rangé du coſté de Philarque non ſeulement comme le plus fort, mais comme le plus ſolide & veritable, & il faut que ie luy rende cet honneur d'auoir plus appris des ſecrets & des preceptes de l'art Oratoire en la lecture de ſes deux parties que ie n'auois fait dans les Eſcoles, ny dans l'vſage des liures qui nous en entaſſent les enſeignemens auecque plus de confuſion que de clarté. Et ſi l'Autheur des Oeuures pare les coups que ce docte Maiſtre d'eſcrime luy porte & ſe ſauue de ſes attaintes ie le tiendray pour vn grand Apollon, & si la responsé qu'il forge correspond à l'attente de ses partisans, on la pourra bien appeler le chef-d'œuure de toutes ses Oeuures. Au reste ce que i'en ay dit est sans aucune animosité contre sa personne que ie ne vi iamais, & dont ie veux croire les mœurs meilleures que luy mesme ne les descrit, c'est seulement pour dire mon iugement auecque liberté en vne chose de si peu d'importance que la perte ny le gain de cette cause n'apporteront aucun preiudice au public, & pour tesmoigner dans la diuersité des opinions de quel parti ie me range en me tirant de la neutralité: Ioinct que dans les conuersations les contrepointes sont agreables, & les querelles de cette sorte ne sont point odieuses, & ces duels qui ne font ny vesues, ny orphelins ne sont point deffendus. Au contraire les Academies publiques ou les sciences s'enseignent sont des lieux où la guerre s'entretient à grands frais pour y aiguiser les esprits, l'ignorance ne regnant que quand on y fait paix ou trefues. Icy Prudence finit son discours concluant à l'auantage de Philarque. Alors Florent prenant en main la deffence de l'Autheur des belles Lettres, obtint audience pour repartir à ce que Prudence auoit auancé. Messieurs, dit-il, i'ouuriray mon discours par ce mot d'vn Ancien Poëte parlant de la mort de Caton ce genereux meurtrier de soy-mesme, la cause vainqueresse pluft aux Dieux, mais la vaincuë qui estoit celle de la liberté publique fut plus agreable à Caton. Encore que Philarque personnage sçauant, iudicieux, & merueilleusement versé aux ruses & aux preceptes de l'art de bien dire ait donné vne estrange secousse à la reputation de l'Autheur des Lettres, que toute la Cour, c'est à dire, le plus illustre theatre de la France a admirées, & que plusieurs s'imaginent qu'il aura de la peine à parer les coups, si est-ce que ny les reprehensions de cet aduersaire, ny la rigueur de son seuere examen, ny l'authorité de son sçauoir, ny la picotterie de plusieurs esprits de moindre estofe & de plus petite taille qui ont voulu comme les lapins de l'Embleme arracher la barbe à ce lyon qui leur sembloit mort, ne m'ont pû oster de l'esprit la bonne opinion que i'ay conceuë de ces belles & incomparables Lettres, ny me leuer vn seul point de l'estime que ie fay de l'Autheur. Ie l'ay veu & l'ay ouy parler, & à dire la verité son renom est tout autre que sa presence, ce grand esprit est mal logé, mais ie puis dire que c'est vn esprit sain dans vn corps malade, c'est vne esclandrate qui reserre toute sa splendeur au dedans de soy, vn visage de mort, mais qui recele au dedans vn esprit vif & rempli de belles lumieres de sçauoir & d'Eloquence, ses mœurs sont douces, traitables, faciles, humbles, & retenuës, & ie croy quand il s'est depeint que ça esté par le reuers & qui veut sçauoir ce qu'il n'est pas, lise ce qu'il se dit estre. Il parle si peu que c'est la mesme taciturnité, s'il est Dieu c'est celuy du silence, & c'est dans cette escole qu'il medite profondement ce que par apres il produit si heureusement sur le papier, son talent c'est la plume, c'est en ce sens que luy conuient le mot du Spartain au Rossignol la plume ostée, ton corps & ta voix sont peu de chose, il n'est pas voix il est toute plume, mais c'est vne plume d'aigle qui vole haut & qui rongera celles de ses contrarians. L'Aigle vole lentement & se balance en l'air auecque maiesté comme tenant l'empire sur les oyseaux & portant le foudre de Iuppiter, plus l'air est irrité par les tourbillons plus elle prend de plaisir à voler, ses prunelles sont si fortes qu'elles soustiennent les rayons du Soleil, que les autres yeux ne peuuent regarder sans estre esblouys, ou sans fermer la paupiere, bref il n'y a point d'oyseau dont l'essor soit si hautain ny de si longue haleine. Tout cela conuient à mon Autheur, il va lentement en sa besoigne, mais c'est comme Cesar qui se hastoit tout bellement, ceux qui grauent sur le marbre ou le diamant y employent bien plus de temps que ceux qui escriuent sur le plomb ou sur le plastre, & son stile ne se monstre iamais que plein d'vne maiesté releuee qui luy donne ce iuste empire qui ne luy est enuié que par vne poignee de critiques, il est plein de traicts si puissans que ce sont & des esclairs & des foudres, les tempestes des murmures, & des contradictions ne l'estonnent point, il ne leur cede pas, il marche fortement à l'encontre, il n'ayme point la victoire sans combat, ny le laurier sans victoire, que s'il regarde fixement & hardiment tous ces miracles d'Eloquence que les païs grec & latin ont adorez comme des Soleils, il en faut plustost loüer son courage que le blasmer de temerité, & à mon gré ie ne voy point d'escriuain qui ait porté nostre Eloquence Françoise au point où il l'a mise. Le desespoir de l'attaindre a mis en colere tous ceux qui se sont esleuez contre luy, & ne pouuant l'imiter ils se sont mis à luy dire des iniures, pareils à ceux dont parle Iob qui maudissoient le iour. Mais il se purge si bien de cela & dans son Apologie & dans quelques vnes de ses Lettres que vouloir adiouster quelque chose à sa deffence ce seroit croasser apres la voix du cygne. Comme vous vous rapportez de la cognoissance de ses deffauts aux censures de Philarque, ne mettant point vostre faux dans sa moisson, mais me contantant apres ce grand vandangeur de recueillir quelques grapes, il me sera permis de me rapporter pour la deffence de mon Autheur à la replique qu'il medite, ou plustost aux fleches qu'il aiguise & qui seront comme ie pense à fer émoulu, pour respondre à vos considerations particulieres qui se peuuent selon que i'ay pû apprendre de la suitte de vostre discours rapporter à six chefs. Vous luy reprochez donc la flatterie, la vanterie, la raillerie & l'hyperbole excessiue, en suitte vous estimez que le stile des Lettres n'est point vne compagne assez large pour les carrieres de la pleine Eloquence, & en fin vous vous escarmouchez, ie ne sçay pourquoy, sur ce titre d'Oeuures, vous en effarouchant comme de la rencontre d'vne ombre où d'vn fantosme. Ie veux respondre à cela briefuement, tant pour allonger mon repos par le retranchement de mon discours, que pour espargner la patience de la compagnie. Quelle flatterie, ie vous prie trouuez vous en des lettres qui s'escriuent à des grands qu'il faut tousiours traitter auecque toute sorte de respect & d'honneur, & ce respect & cet honneur qui se rend par escrit & par complimens se peut-il faire sans quelque sorte de loüange. Qui est-ce d'entre nous qui ayant à escrire à des personnes d'eminente qualité ne se mette sur sa meilleure desmarche & ne tasche par des parolles de congratulation ou de complaisance de s'insinuer en leurs bonnes graces, tantost les estimant par leur propre merite, tantost par leur puissance, tantost par l'éclat de leur dignité, tantoft par la grandeur de leur naiffance & de leur rang, tantoft par les qualitez qu'ils deuroient auoir encore qu'ils ne les ayent pas. Si vous le prenez-là tout le monde flatte, c'eft l'ame & l'exercice de la Cour, & faire la Cour à proprement parler c'eft flatter, les Princes flattent les Roys, les Grands flattent les Princes, les Gentils-hommes flattent les Grands, les valets flattent leurs Maiftres, les plaideurs en follicitant flattent leurs Iuges, les foldats flattent leurs Capitaines, les Capitaines aux occafions flattent leurs foldats, & pour leur donner du courage les loüent & les appellent compagnons, les petits flattent leurs Superieurs, les Marchands & les artifans flattent ceux qui les font gaigner, & parmi les ruës les gueux flattent de parolles, de benedictions & de reuerences ceux qui leur font l'aumofne,

Il n'est pas iusques aux animaux qui ne flattent ceux qui leur donnent à manger. Et si cetui-cy flatte ceux qui luy font du bien & en fait des recognoissances si publiques, pourquoy appelez-vous sa gratitude flatterie, appelez vous remercier flatter, à vostre auis vaut-il mieux demeurer dans vn silence ingrat, que de donner des loüanges, quand bien elles seroient & fausses, & inutiles. Si ceux qu'il loüen'ont pas toutes les vertus qu'il leur attribuë peut-estre qu'il les leur souhaitte, peut-estre qu'il le croit ainsi, & qu'il trompe les autres estant trompé luy-mesme, peut-estre vous mesme vous vous trompez iugeant que ces grands personnages n'ayent pas les qualitez qu'il estime en eux, il vaut tousiours mieux se tromper à l'auantage d'autrui qu'à son dommage, il n'y a point de loix contre ceux qui loüent quád bien ils mentiroient, mais elles sont seueres & vont au sang contre les satires & libelles diffamatoires, quand bien ces escrits seroient veritables. Que ie vous trouue iniuste de vous cabrer contre des iustes loüanges, c'est tout le salaire de la vertu. Ceux qui sont loüez prennent cette couronne pour le prix de leur merite s'ils en ont, s'ils n'en ont pas ils s'en seruent comme d'aiguillon pour tascher à se rendre dignes de cet applaudissement. Que les particuliers n'ayent pas ces belles conditions, tousiours ces loüages retombent sur la vertu en general, & si elles ne seruent pour releuer la gloire de celuy qui n'est ny costant, ny vaillant, elles esleueront l'honneur de la constance & de la vaillance. Quoy voudriez-vous donc qu'en escriuant à de tels Seigneurs il les blasmast où leur dit des iniures, & pour éuiter le titre de flatteur il tombaſt dedans celuy d'inſolent & de temeraire, & ſe mit en peine de ſe faire donner vne charge de bois qui luy dureroit plus d'vn hyuer. Si vous luy conſeillez cela vous n'eſtes pas de ſes amis, & s'il vous croit il n'eſt pas ſage. Ce mot que vous auez rapporté de l'Ancien Courtiſan, qu'il ne falloit point approcher des grands ſi on ne les vouloit flatter luy conuient puis qu'il ſuit la Cour, & non pas celuy du Philoſophe qui repliqua qu'il ne les falloit abborder que pour leur dire la verité. Il eſt bon de ſçauoir toutes leurs veritez, mais il n'eſt pas touſjours, ny bon, ny à propos de les leur dire. Pour moy ie ſuis d'vn auis tout contraire au voſtre, & ie trouue qu'il n'y a rien dont il ſoit plus eſpargnant que de la loüange, & que celles que la raiſon & la verité l'obligent d'auancer, ſont propoſees auec

que baucoup de douceur, & aſſaiſonnées auecque beaucoup de moderation & de bien-ſeance, & ce qui eſt de remarquable c'eſt que ſes inuentions pour loüer ſont ſi nouuelles & ſi eſloignées du train commun que ſi vous appelez loüer flatter, ie ſouhaitterois que ſes eſcrits fuſſent encore plus remplis de flatteries, car il nous apprendroit à donner à la vertu de nouueaux pris & à luy façonner des guirlandes dont elle n'a point encor eſté couronnée. Et à le prendre à la rigueur, ie vous declare qu'encore qu'en quelque lieu il s'eſtime aſſez fort pour ſouſtenir par ſa plume le merite du grand perſonnage à qui il parle, il s'en faut beaucoup que ſon Eloquence n'egale les qualitez de ce Prelat, & ſes parolles demeurent au deſſous de la vertu loüee; & dire le contraire c'eſt offencer vne perſonne qu'on ne peut
aſſez

assez estimer & luy estre iniurieux. Au demeurant si la loüange est vne flatterie ie trouue que se loüant autant qu'eux il se flatte donc soy-mesme, ce qui ne peut-estre, puisque la flatterie presuppose vne loüange qui naist de quelque pretension, les flatteurs imitans la conduite des oyseleurs qui se seruent de leurs appeaux pour surprendre les oyseaux, & des pescheurs qui mettent des appas au bout de leurs lignes pour attraper le poisson. Vous direz peut-estre que c'est en cela qu'il est blasmable de vanité & dequoy vous l'auez repris au Chapitre de la vanterie, mais i'espere y respondre si auparauant ie vous fais auoüer que l'honneur est le nourricier des arts, que la vertu s'accroist estant loüée, comme la fleur estant arrosee, & que la gloire est le plus vif esperon pour faire courir en la lice du bien. Que la loüange est le parfum de toutes les compagnies, que si vous admirez le pan, il ouure ses belles plumes, si vous les regardez auecque mespris il resserre ses thresors. Que ceux qui enuient les loüanges des autres meritent d'estre blasmez, que ce sont les seules victimes que l'on peut immoler à la vertu, puisque la fortune estant son ennemie sans ces aromates, ses Autels seroient deserts & sans sacrifices, victimes innocentes & qui coustent si peu que le public n'est point interessé en cette despence. Au reste que ceux-là mesme qui paroissent les plus ennemis de la loüange, & qui en estans indignes se vangent à en mesdire & à la qualifier du nom de flatterie sont quelquesfois ceux qui en sont les plus affamez luy fermans la porte; ainsi que disoit le grand Stoïque, comme à vne amie qui est gratieuse quand elle vient, plus gratieuse quand elle frape à la porte, tres-gracieuse quand elle l'enfonce ; qu'il ne soit ainsi que ie le dis, prenez les Lettres dedicatoires des liures composez par les Moines les plus mortifiez & les plus esloignez du commerce & de la vanité du monde si vous ny trouuez des loüanges mille fois plus excessiues & moins supportables qu'il n'y en a dans le liure que vous reprenez, ie veux perdre ma cause, & que celuy-là passe pour flatteur qui parle aux grands, & des grands auecque des libertez, & des hardiesses qui ne conuiennent aucunement à la lascheté & à la bassesse de la flatterie. Que si vous appelez vanterie ce peu de traicts (mais si gentils) qu'il donne en passant à sa propre estime, appelez donc ainsi les loüanges qu'il donne aux autres, & ditte qu'il vante le merite de ces grands Heros à qui il escrit, non pas qu'il les flatte, ou en ses propres loüanges ne dittes pas qu'il se vante, mais qu'il se flatte. Et ie vous prie qui est-ce d'entre nous qui ne se flatte en la bonne opinion qu'il a de soy, les plus noires Bergeres, les plus brunes Paysannes quand elles se mirent dans le cristal des fontaines trouuent en leurs visages des traicts si agreables que si chacun estoit de leur creance elles auroient autant d'amoureux que de regardans. La Philaphtie est vne chose tellement naturelle qu'il se trouue peu de personnes qui en soient despouillees, mesme parmi les ames deuotes chacun parle de son neant d'vne façon qui n'est pas bien aneantie. Et ceux-là mesme qui font des liures sur le neant ne pensent pas faire des œuures de neant. C'est ce que reprochoit cet Ancien Orateur à ces Philosophes qui faisoient des traittez du mespris de la gloire, & mettoient leurs noms en l'inscription, monstrant par là qu'ils recherchoient ordinairement, il se doutoit bien que plusieurs mousches viendroient gaster son parfum, & plusieurs contrarians sindiquer son escrit, mais en les inuitant à mieux faire c'estoit leur imposer silence. La plus laide femme du monde peut reprendre la plus belle de quelque deffaut, mais en sera-t'elle plus belle pour cela, c'est le propre des enuieux de deuenir maigres de la prosperité d'autruy, & d'engraisser de son aduersité, & plusieurs pensent mal à propos faire leur loüange par le blasme des autres, & se rehausser par leur raualement. Que si la ieunesse de nostre Autheur couure ce leger deffaut son païs l'excuse tout a fait, car qui ne sçait que ceux de la basse Aquitaine tirent cette double contagion de ioüer de la langue & des mains du voisinage des Espagnols, mais ils ont cela de prendre si subtilement que c'est presque plustost vne inclination à la subtilité qu'vn malicieux desir d'auoir qui leur donne cette demangeaison aux doigts, & ils font leurs brauades & leurs rodomontades de si bonne grace qu'on les remarque comme des Apophtegmes, c'est de cette humeur qu'il prit fantaisie à Michel Seigneur de Montagne, qui estoit du païs, de faire vn liure où il ne parle que de luy mesme; suiet qui seroit odieux en vn autre & neantmoins qu'il manie si accortement que l'ennui en est osté, & ie ne sçay point que iusques à present aucun l'ait repris de vanité, ny de vanterie, non plus que Cæsar qui a escrit ses gestes, & l'Empereur Antonin sa propre vie, & le Mareschal de Monluc ses actions militaires. Ce n'est donc pas tant ici vn vice de nostre Escriuain que de sa nation, & comme vn peché d'origine. Mais sa condition le couure encore dauantage, qui ne sçait que tous les Courtisans dressent toutes leurs actions à l'ostentation, & que les despences qu'ils font en habits, en cheuaux, à la table, au jeu, en magnificences, n'ont autre dessein que de paroistre. La Cour c'est le theatre de la monstre, tous les pans y font la rouë, & nul n'y serre son bagage, que celuy qui s'en retire. Les grands y font monstre de leurs titres & de leur suitte, les Dames de leurs beautez, les Poëtes y debitent leurs denrees, & tous montent sur le banc pour y vendre leur precieux baume. Mais entre tous les plus vains sont les Escriuains, & les plus empressez ce sont ceux qui font rouler la presse, vous pensez qu'ils donnent leurs ouurages au public, c'est à eux mesmes, c'est à leur propre reputation, & semblables à Nabucodonosor, ils veulent qu'on sacrifie à leurs liures qui sont les simulacres de leurs esprits au son de toute sorte d'instrumens, c'est à dire, qu'ils veulent estre en l'estime vniuerselle & que leurs inuentions seruent d'entretien à tout le monde. Si le nostre a donné à cet escueil ce vice ne doit il pas plustost estre attribué au mestier qu'à la personne. Veu mesme qu'il est mal-aisé de conuerser long temps auecque des gens de son païs sans imiter par contagion & leur accent & leurs brauades. Que si à sa condition vous adioustez son courage, qui fait que ceux de sa Prouince naissent tous soldats, comme ceux de la semence de Cadmus, c'e't vn ieune homme, c'est vn Gascon, c'est vn Courtisan, c'est vn Escriuain, c'est vn esprit courageux qui s'auance à grand pas vers la gloire, & la reputation, si vous ostez au soldat l'espoir de l'honneur, & l'opinion de vaincre, ne luy faittes vous pas tomber les armes des mains, le premier pas pour arriuer à la victoire c'est de s'asseurer, le second d'oser, le troisiesme d'attaquer, le dernier de surmonter. Iamais celuy qui s'estonne ne se vit couronné, qui a peur des fueilles n'aille pas aû bois, qui craint la contradiction des langues ne mette aucun ouurage en lumiere. Et de dire que c'est la vanité qui luy a fait publier ses Lettres, n'est-ce pas excuser sa faute par la multitude de ceux qui la commettent, & taxer d'vne vanité beaucoup plus grande vn tas d'Escriuains qui ne mettent leurs Oeuures au iour que pour faire despit au Soleil qui voit tant d'inepties, & tant de fatras qui sont infiniment au dessous de son liure. Que si vous vous estonnez de son courage prenez-vous en a l'applaudissement general qui comme vn vent impetueux a tellement enflé les voiles de ses esperances qu'il a esté bien loin au dessus de ses desirs, si ce tourbillon la emporté dedans quelque estime de soy-mesme plus auant qu'il ne deuoit, ne voyez-vous pas que c'est par vn mouuement estranger qu'il a esté transporté comme par les cheueux dans la fosse des lyons, & qu'il a esté exposé à l'enuie, & à la gorge de la mesdisance, pourquoy le rendre coulpable de l'excez d'autruy, mais excez si aimable qu'il n'y a si fort esprit qui n'en fust esbranlé, le plus grand Orateur de la Grece receut comme vne faueur signalee & comme vne couronne pour ses trauaux l'exclamation d'vne femmelette, & luy ne fera point d'estat de l'approbation de tant de grandes Dames, & de tant de Seigneurs, non pas s'il auoit l'imaginaire impassibilité des Stoïques, ce ne seroit pas vn homme de chair, mais de fer, pour estre insensible à cela il le faudroit d'autre trempe, c'est merueille que de ioye il n'en est deuenu insensé. Puis qu'il a fait tant d'enuies asseurez-vous qu'il a fait peu de pitié, & tel au peril d'estre blasmé & repris de Philarque voudroit bien estre en l'estime de tant d'autres gens. Ceux qui ne voyent gueres clair ne peuuent supporter vne grande lumiere, & c'est ce qui a fait regarder son liure de si pres. Acheuons de l'excuser par l'amour propre maladie si commune & si contagieuse qu'il est bien plus aisé de la blasmer que de l'euiter, elle est tellement entee en nostre nature que les plus spirituels & ceux qui font profession d'vne vie beaucoup plus austere & plus mortifiee que nostre Autheur ne s'en peuuent presque rendre quittes. C'est vne mousche importune qui reuient d'vn costé quand on la chasse de l'autre. Repoussez la nature à coups de fourche, dit cet Ancien Poëte, elle ne lairra pas de retourner. Que si l'ordonnance diuine veut que nous aymions nostre prochain comme nous mesmes, ne faut-il pas que nous nous aymions pour sçauoir la mesure de l'amour que nous deuons à nostre prochain, nul ne se hait soy-mesme, si ce n'est quelque misantrope, quelque melancolique, qui doit plustost estre mis au rang des bestes farouches qu'entre les animaux raisonnables. Que si nul ne trouue mauuaise la bonne estime que les Poëtes ont de leurs vers, pourquoy voudra t'on que les Orateurs qui n'ont pas moins de suffisance ayent peu d'opinion de leur Prose, est-il plus aisé de garder la moderation en vn langage non mesuré qu'en celuy de la Poësie, qui a ses pieds, ses rimes, ses nombres & ses mesures. Qui peut sans iniustice treuuer mauuais qu'Alexandre se tienne pour vaillant, & Helene pour belle. Vn Cheualier de Malte se nomma bien soy-mesme

pour

pour estre grand Maistre & protesta qu'il le faisoit en conscience, ne cognoissant en tout son ordre personne qui eust mieux serui que luy, ny qui meritast mieux cette supreme dignité, & nous ne lisons point que l'Histoire blasme cette action qui est tenuë au contraire pour vn traict de magnanimité & de franchise. Vn mauuais Prescheur & qui n'auoit rien dit qui vallust fut bien ouy sortant de la chaire disant entre ses dents ce mot du Psalmiste, non à nous Seigneur, non à nous, mais donnez toute la gloire à vostre nom, pensant auoir en sa predication fait des merueilles & merité l'applaudissement de l'auditoire qu'il auoit lassé de ses inepties. L'amour propre fait que nous ne nous aimons pas seulement en ce que nous auons de bon & de recommandable, mais encore en ce qui part de nous pour imparfaict qu'il puisse estre. Il n'y a

M

point de pere ny de mere pour contrefait & difforme que soit son enfant qui n'ait de l'amour pour luy, l'inclination naturelle cachant aux yeux les plus clairuoyans les deffauts qui ne sont incognus qu'aux aueugles. Que si vn enfant est beau & de bonne grace aussi-tost on en fait vne idole & croit on que ce doit-estre l'object de l'amour & de l'adoration de tous ceux qui le contemplent. Ce que ie di de la production du corps se doit entendre en plus forts termes de celle de l'esprit puis que la partie spirituelle de l'homme est encore plus susceptible d'amour propre que l'animale. Que si parmi les Latins les mots qui signifient des liures, & des enfans ont de la ressemblance, il n'y a pas moins de correspondance entre la passion qu'ont les peres pour leurs enfans, & celle qu'ont les Autheurs pour leurs ouurages. Que si les escrits les plus mal faicts sont estimez beaux pour ceux qui en les traçant y ont mis toute leur suffisance, & s'ils s'y complaisent autant que s'ils auoient plus de merite. De quelle satisfaction pensez-vous qu'est rempli vn escriuain qui voit les traces de sa plume en reputation dans le monde, certes il seroit insensible s'il ne se sentoit touché d'vn contentement si plein de douceur & d'innocence, & dont M. du Vair l'vn des Maistres de nostre Eloquence Françoise a tesmoigné du ressentiment en diuers lieux de ses escrits sans en auoir esté suiet au blasme ny à l'enuie. Et certes il me semble que pour ce regard mon Autheur en est purgé de si bonne grace par son Apologiste que tout ce que ie pourrois adiouster à sa deffence seroit non seulement superflu, mais si bas au dessous de ce qu'en auance l'excellent Escriuain de cette Apologie que ce seroit

M ij

allumer vn flambeau pour augmenter la lumiere du Soleil. Il est aussi dans le mesme ouurage si bien iustifié de l'accusation troisiesme que vous auez faitte contre luy touchant la raillerie, qu'il ne faudroit qu'ouurir le liure pour vous faire taire, ô Coronat, & pour vous faire cognoistre que ce que vous taxez comme vice en celuy que ie deffends a esté tenu non seulement pour vne grace du bien dire pour les Anciens Rheteurs, mais aussi par les Philosophes pour vne vertu à qui les Grecqs ont donné le nom d'Eutrapelie & nous de bonne conuersation. C'est cet ornement qui sçait mesler la ioyeuseté & la modestie auec vn si iuste temperament que la raillerie ne tombe point dans la plaisanterie que ie ne die bouffonnerie action sordide & seruile. Ie ne sçay pas auec quelle iustice vous pouuez blasmer des traicts qui sont exercer à l'homme l'vne des fonctions qui le distinguent le plus des animaux sans raison qui est le rire. Nous sçauons que plusieurs bestes iettent des larmes & qu'on fait principalement estat de celles qui sortent des yeux du cerf quand il est aux abbois, mais nous ne sçauons point qu'il y en ait aucun qui exprime sa ioye par le ris comme fait l'homme, ce qui donna suiet à vn Philosophe Ancien de mettre cette qualité entre les parties de sa definition. Et qui ne sçait que celuy qui se rioit de tout a eu vne secte non moins ample, ny moins estimee que ce pleureur qui versoit des larmes sur tous les suiects qui venoient à sa cognoissance. Combien mesmes voyós nous de Prescheurs dont la principale loüange, selon l'opinion de S Hierome le deuroit tirer des larmes de leurs Auditeurs qui disent des choses si plaisantes que le ris en leur auditoire occupe assez souuent la place des pleurs. Encore mon Autheur n'est-il pas dans vne condition si seuere, ny n'exerce vn Ministere si serieux que celuy qui rompt aux peuples le pain de la parole diuine. Les Medecins d'vne conuersation agreable & d'vn visage gay font de plus heureuses cures que ces fronts sauuages & farouches qui adioustent par leur presence de nouueaux maux aux douleurs des malades, & au lieu de les flatter de quelque esperance les plongent dans la crainte & quelquefois dans le desespoir. Les vices repris auecque trop d'aigreur & de seuerité se cabrent contre ceux qui les pansent, & ceux qui repris auecque ioyeuseté se corrigeroient deuiennent intraictables par vne correction rude & austere. La verité ditte de bonne grace & en riant ressemble à ces traicts dont la pointe se rend plus penetrante estant trempee dans l'huille. Il faut estre ennemi de la nature pour empescher de dire le vray ioyeusement, la raillerie est le sucre dont on doit assaisonner l'amertume inseparable des reprehensions, autrement nul ne se pourra seruir de ces medecines si on les laisse en leur aspreté naturelle. Y a t'il rien d'agreable comme celle que mon Escriuain fait à cette vefue qui deuenuë riche par la mort de son mary faignoit vn dueil beaucoup plus grand en apparence qu'en effect, & bien plus ceremonieux que douloureux & sensible. Ceux qui sçauent combien la satyre est plus mordante & licentieuse en sa façon & neantmoins vtilement employee contre les vices iugeront bien que les railleries de mon Autheur ont des traicts bien plus doux & gracieux, & qu'ils sont pareils aux rais du Soleil qui lechent alors mesmes qu'ils picquent, tant ils touchent modestement & de bonne grace. Que si quelquefois il imite l'abeille qui deffend son miel auecque l'aiguillon, où s'il enuironne ses roses de quelques pointes il imite le Chirurgien qui met le rasoir dans la playe à dessein de la guerir, & s'il parle auecque cette liberté dont Philarque le blasme comme en ayant offencé des personnes de qualitez eminentes & dont il semble que cette grande lumiere de l'Eglise & de l'Estat dont il a mis la lettre comme vn Phare à la teste des siennes, le reprouue en quelque façon; Au moins en l'accusant de trop de courage qu'on luy oste la qualité de flatteur, puisque ces traicts trop libres ne peuuent compatir auecque le langage des esclaues. Ce seroit encor inutilement que i'apporterois mon secours à la deffence de ses hyperboles puis que son Apologiste que vous appelez de bonne grace Oger le Danois les a couuertes d'vn bouclier qui n'a point esté percé selon mon auis, par aucun des traicts de Philarque, ny du bastisseur de tombeaux. Car outre qu'il auance des exemples des Orateurs Anciens qui en ont escrit de plus demesurées que nostre Autheur, ie ne puis comprendre pour mon regard de quelle façon l'on peut donner des bornes de bien-seance & de proportion à vne figure de l'art Oratoire qui semble auoir toute sa vigueur & son excellence dans l'excés, & n'estre iamais plus agreable que quand elle est plus extrauagante. Et ie ne croy pas qu'il y ait aucun esprit si iniuste qui la voulust reduire dans les termes de la possibilité naturelle, ny qui trouuast mauuaise cette façon de parler mettre la teste dans les estoiles pour dire s'esleuer bien haut puisque l'Escriture a dit, mettre sa bouche dans le ciel.

Et bien qu'il ne faille pas tirer des comparaisons du langage sacré au prophane, du divin à celuy des hommes, parce que nulle parolle n'estant impossible à celuy qui peut tout, ce qui ne tombe pas sous la puissance humaine luy est tres-facile, si est-ce que prenant beaucoup de traicts des sainctes pages à la lettre nous y trouuerions des hyperboles qui nous estonneroient merueilleusement. Nous y verrions escouler les monts comme la cire, hausser les vallees, transporter les montagnes, tomber les estoiles, plier les cieux, sauter les collines, vn Leuiathan engloutissant les fleuues & vne infinité de semblables. Et ie ne sçay comme Philarque se mocque si souuent de l'escrasement d'vn homme par la cheute d'vne montagne, veu que l'Escriture dont il n'est pas permis de rire puisque c'est la parole de Dieu, met les mesmes mots en la bouche de ceux qui au dernier iugement ne pourront supporter la veuë du Iuge courroucé. Mais pour descendre aux Autheurs purement humains ie ne voy point que la plus belle Muse des Romains ait esté reprise d'excés d'auoir comparé le grand œil du Ciclope Polifeme à la rouë du Soleil, & dit que le cheual de bois dont se seruirent les Grecqs pour surprendre Troye estoit aussi haut qu'vne montagne, ny que les Poëtes soient blasmez d'exceder en leurs hyperboles quand ils comparent les yeux d'vne femme à des Astres, les cheueux aux rays du Soleil, leurs larmes à des fleuues, & tant d'autres extrauagances que la passion qui les anime tire de leurs imaginations. On dira peut-estre que ce sont des Poëtes à qui tout est permis aussi bien qu'aux Peintres, & que souuent des perfections de la Poësie on en fait des vices d'Orateur. Mais quand parmi les Orateurs mesmes on dira promettre des montagnes d'or pour exprimer de grandes promesses, & quand pour representer la furieuse rencontre de deux iousteurs, on lira que les éclats de leurs lances volerent iusques aux estoiles, que la terre trembla sous les pas de leurs cheuaux, & que les eaux des riuieres voisines furent troublees de cette émotion. Quand on lira chez vn Ancien parlant de la grande armee de Xerxes qu'il fit plier le dos de l'vn & de l'autre element de la mer & de la terre sous le faix de ses vaisseaux & sous la multitude de ses combattans, on excusera ces hyperboles encore qu'elles soient manifestement excessiues, & si mon Autheur ose dire que tout seul il est plus fort que tous ses ennemis, & qu'il y a vn grand dont l'esprit est si puissant que tout seul & tout nud il est redoutable à ceux qui ont des armees fur pied & toutes les forces de l'Eftat entre leurs mains, on criera à l'extrauagance, comme fi ces traicts n'auoient pas du rapport auecque ce que dit le Poëte Italien qu'Horace feul fut plus fort que tous les Tofcans, & ce qui fe lit de Sanfon qui auec vne mafchoire d'afne terraffa tant de Philiftins. Coromat en ce lieu ne fe put tenir de faire vne interruption au difcours de Florent par vne rencontre ioyeufe en reconnoiffant Narciffe plus fort que Sanfon, en ce qu'il portoit toufiours auec foy deux armees femblables à celles dont ce vaillant Heros deffit tant d'Incirconcis. Apres que les affiftans eurent vn peu foufri de cette facetieufe repartie, Florent fans fe foucier de cette pointe continua froidement de la forte. I'efpere que ce Sanfon qui fans fe deffendre donne tant de peine à voftre Philarque, rompra vn de ces iours les menus liens dont il le veut garroter, & auecque tant de puissance qu'il fera cognoistre à tout le monde que c'est en vain que l'on tend des filets aux oyseaux qui volent haut comme il fait, & que les toiles de cette araignee ne sont pas pour de si grosses mousches. Mais ie vous prie de iuger de l'inegalité de ses accusateurs qui apres l'auoir repris d'auoir passé les limites de la bien-seance en cette figure, & de l'auoir trop estenduë luy denient en mesme temps la gloire de l'Eloquence pour auoir referré ses pensees & ses parolles dans vne forme d'escrire qu'ils estiment trop estroitte pour meriter cet honneur, ce qui est luy attribuër les deux contraires en mesme temps, & renuerser l'obiection par le principe mesme qui l'establit, car si ses hyperboles sont trop amples il est donc en cela dans l'estenduë que l'on desire, où se

monstre la vigueur du bien-dire, &
si les lettres sont vn genre d'escrire
trop court pour pretendre à cet auantage, pourquoy corrige t'on la langueur de ses hyperboles. On dira
qu'elles sont amples en leurs pensees
non en leur explication, sans considerer que l'Eloquence ne consiste pas
à dire beaucoup de paroles, mais à
bien exprimer les pensees, & iusques
ici les aduersaires de mon Autheur ne
l'ont repris, ny d'impropricté en ses
mots, ny d'estrangeté en son langage, ny d'obscurité en sa frase, ny de
barbarie en sa diction, ce qui fait
croire qu'il a mis en ses periodes tous
les ornemens & toutes les qualitez
necessaires pour se faire bien entendre, & tous les membres conuenables pour leur donner vne douce harmonie & vne iuste proportion. Que
si le souffle qui passe par le canal
estroit d'vne trompette fait vn esclat

bien plus resonnant que celuy qui sort d'vne bouche ouuerte, pourquoy estimera-t'on l'eloquéce moins forte estant enclose dans les bornes concises d'vne lettre, que celle qui s'en va à perte d'haleine dans le cours d'vne longue harangue ou souuent les raisons perdent leur vigueur & leur pointe est suffocquee dãs la multitude des parolles. Encore que les ouurages de la nature soient parfaicts à cause qu'ils partent de la main de celuy dont les œuures sont sans deffaut, si est-ce que nous voyons que le Sage Vigneron ne laisse d'oster les bourgeons aux vignes d'où ne sortiroient que des pampres inutiles qui auroient assez de fueilles & peu de fruit. Pourquoy n'aura-t'on pas la mesme liberté dans les arts, où les racourcissemens ont leurs graces aussi bien que les productions plus vastes. Le vent resserré entre des montagnes n'est-il pas

pas plus puissant que celui qui court sans effort dans vne vaste campagne, qui ne sçait que le feu redouble sa force enfermé dans vne fournaise, & que la vertu recueillie agit auec plus de viuacité que celle qui est dissipee. Si la courte espee tesmoigne la valeur du soldat, pourquoy ostera-t'on le prix de l'Eloquence à vne Oraison racourcie. Mais entre les raisons & les auctoritez qu'auance l'Apologiste & que Philarque à mon auis a assez mal attaquees, ie ne voy pas que l'on puisse rien adiouster aux auantages de ces belles Lettres qui paroissent en la Preface du sieur d'Aigremont dont on veut oster l'honneur à ce digne Escriuain pour titer mon Autheur dans l'enuie & la mesdisance, comme ayant luy mesme publié ses propres Eloges sous le nom de ce docte personnage l'vn de ses plus anciens & meilleurs amis. Que si apres cela on veut encore murmurer & luy attribuër aussi l'Apologie ce sera pour rendre veritable ces mots du Roy Prophete que l'iniustice se ferme la bouche & ment à soy-mesme, puis que dans cette deffence on peut voir clairement qu'il a l haleine aussi ferme qu'il en est besoin pour enfiler vne longue carriere, & qu'il fera voir si on luy donne du loisir & si on a de la patience, qu'il peut aussi bien reussir aux pieces amples qu'aux brefues, & qu'il a tellement en main les armes de l'Eloquence qu'il se sert aussi dextrement de l'espee que du poignard. Ce sera lors que paroistront sur le theatre du monde. Ce Prince qui doit effacer la gloire de tous les autres en la mesme sorte que le Soleil engloutit les estoiles à son leuer. Cette solitude admirable qui ostera le lustre à la Republique de Platon. Ce iugement redoutable qui examinera tout l'Vniuers & qui à l'imitation du dernier rendra à vn chacun selon ses œuures, & cette histoire incóparable où comme dans vn miroir enchanté paroistront les actions les plus cachees de la vie humaine, & qui seruira de regle à la morale & à la politique, à quoy s'arrestera comme à vn principe inuariable toute la posterité. Mais il faut beaucoup de temps pour faire des ouurages qui surmontent le temps, il faut vn grand loisir à qui trauaille pour l'eternité, ce n'est pas à la haste que ce font les ouurages non perissables. Il faut vn ample repos & vne profonde tranquilité pour les eminentes productions de l'esprit, la pauure tristesse n'est pas si eloquente qu'vne riche ioye, ce font les commoditez qui font les belles iournees & qui accomplissent ce qui deffaut à la felicité de la vertu. Vn peu de cette douce paix que quelques vers acquirent à M. des-Portes, c'est à dire, selon l'explication de son neueu le Satyrique Regnier dix mille escus de rente, & l'Eloquence de mon Autheur seroit puissante & masle, que de force & de courage luy donneroit cette veine d'or, ou ce que l'on donne pour recompense aux esclaues & aux importuns, & ce qu'il appele l'heritage des sots & le salaire du vice. Mais s'il est vray que nous sommes en vn temps ou le prix fuit deuant le merite, & ou c'est vne marque de valoir quelque chose que de n'auoir rien, & s'il attend la recognoissance de ses trauaux auant qu'il les ait acheuez & produits il est à craindre que quelque gelee ne vienne qui gele en bourre & en bouton tant de belles promesses & de rares esperances. Le Pan monstre ses beaux miroirs à qui luy donne du grain, mais il resserre son plumage à qui luy oste la mangeaille. Ie n'ay plus ce me semble qu'à satisfaire à la derniere & plus legere de vos reprehensions fondée sur ce titre d'Oeuures qu'il donne à la derniere impression de ses Lettres. Et certes i'eusse volontiers mesprisé d'y respondre à cause de sa foiblesse si ie ne craignois que vous fissiez vn trophée de mon silence. Mais ie vous prie qui vous porte à trouuer estrange qu'vn homme appele ses escrits du nom de ses Oeuures, puisque ce sont veritablement les productions & les ouurages de son esprit. La raison que vous auez auancée me semble extremement froide. Il faut dittes vous que sous ce titre on enueloppe diuers traittez & des trauaux de differente espece, & mon Autheur ne vous a t'il point appris par la plume de son Apologiste que si vous ostez de ses Lettres le premier & les derniers mots, elles auront comme la manne le goust que l'on voudra, & que ce seront autant de Harangues en toute sorte de genres, autant de Panegyriques, autant de discours d'Estat & de Philosophie. Si Senecque eust rangé tous les traittez que nous auons de luy dans ses Lettres à son Lucille, aurions nous moins d'occasion d'appeler ses escrits du nom de ses Oeuures, que nous n'en auons d'appeler ainsi ce que nous auons de Cassiodore, de Sidoine Appollinaire, de Symmaque & de tant d'autres dont nous n'auons que des Lettres. Aussi m'est-il auis qu'en cecy vous poursuiuez le vent & vous combattez contre vostre ombre. Mais pour vous oster mesme des mains cette vaine & friuole obiection ie vous renuoye à l'attente de la seconde Partie des Oeuures de mon Autheur qui ne viendra peut-estre pas si tost que la troisiesme de Philarque, & lors quand vous verrez que les effects de ses grandes promesses surmonteront vos esperances, vous mettrez des admirations en la place de vos mespris, vous nommerez excellent ce que vous appelez prodigieux, vous estimerez agreable ce que vous tenez pour plaisanterie. Mais à dire le vray il n'appartient pas à tout le monde d'imiter Israel qui au retour de la captiuité de Babylone d'vne main bastissoit le temple, & de l'autre tenoit l'espee pour se deffendre de ses ennemis. Mon Autheur n'est pas de la classe de Cæsar qui dictoit en mesme temps diuers suiects à plusieurs secretaires, ny de l'humeur de vostre Philarque qui a trente besognes à faire toutes ensemble. Ses mains qui ne font rien que d'exquis n'en traittent qu'vne à la fois, & s'il medite des responces contre les grands & les petits Docteurs cela retardera fort ces grandes pieces qui doiuent estre le rauissement de l'Europe, & porter l'Eloquence Françoise au trauers des mers iusques aux extremitez des Prouinces plus reculees. Tout ce que ie trouue de fafcheux en ceci c'eſt que l'art eſt long & la vie fort courte, & que celle de mon Autheur eſt menacée de peu de duree, luy-meſme auoüant qu'il n'a de la ſanté qu'autant qu'il en faut pour n'eſtre point dans l'extremité de la maladie, & qu'il n'a de la vie qu'autant qu'il en faut pour n'eſtre pas mort, qu'il conſerue vn peu d'eau & de terre (c'eſt ce qu'on appele de la bouë) par toute les regles de la Medecine, & qu'il ſeroit bien aiſe pour l'obeïſſance qu'il voüe à ce Medecin qu'il nomme ſon Sauueur de faire durer ſes maux iuſques à ſoixante ans, qu'il ſe ſauue du heurt comme ſi ſa naturelle melancolie l'auoit fait cruche, ou comme s'il eſtoit de criſtal, que ſi ce beau vaſe venoit par malheur à se briser que deuiendroit ce precieux baume de l'Eloquence dont il est rempli, si ce verre se cassoit quel dommage seroit-ce pour la posterité de perdre tant de rares ouurages qui doiuent sortir de la meditation de cet esprit qui a de si grandes eleuations, & dont la fieure produit des resueries qui valent mieux que toutes les plus serieuses pensees des Philosophes. Ou pourroit-on iamais trouuer vn plus noble instrument de la gloire & de la loüange, ny qui sceust plus extraordinairement esleuer les vertus heroïques. A quoy se reduiroit cette immortalité qu'il promet à ces grands hommes qu'il veut faire viure dans vn autre siecle. O fragilité des choses humaines, ô thresor dans vn vase de terre, ne vous semble-t'il point qu'il en soit des choses du monde comme des cartes de Geographie si vne goutte d'eau tombe dessus voila des Prouinces entieres toutes effacées. Qu'vne petite maladie ruine de grandes entreprises, c'est la petite pierre du Prophete qui reduit en poudre vn grand colosse bigarré de diuers metaux. Que si d'vn costé ie plains ses maladies de l'autre ie ne puis que ie n'estime la cause qui a produit de si beaux effects puisque les plus agreables fleurs dont ses Lettres sont parsemees sont tirees du milieu de ces espines. Tant s'en faut qu'il en infecte les Lecteurs comme luy reproche ɸ ɸ dans sa sanglante inuectiue, qu'au contraire il semble qu'il les en embaume, & au lieu de communiquer ses maux par contagion à ceux qui les lisent, vous diriez qu'on s'en descharge sur luy comme sur vne victime ou comme sur cet animal que les Hebreux chassoient dans le desert chargé de toutes les maledictions que meritoit Israel. Mais n'est-ce point entreprendre fur noftre Apologifte qui a fi delicatement pincé cette corde & donné de fi grands auantages aux infirmitez & à la melancolie de noftre Autheur que non content d'auoir diuinifé fon Eloquence il a donné encore de la diuinité à fa fieure, & appelé fes douleurs diuines & furnaturelles par vne façon de parler que ie trouue vn peu extraordinaire. Il eft vray que comme les cicognes n'ont iamais l'haleine plus douce que quand elles font malades, ny les cignes la voix plus melodieufe que quand ils font à l'extremité. Noftre diuin melancholique fe plaint de fes fouffrances auecque tant de grace que plufieurs s'jmaginent que des maux fi bien peints font plus feins que rigoureux, & que ce qui donne tant de plaifir à entendre ne peut venir d'vn reffentiment fort aigu, ny d'vne peine violente. Mais fi l'on prend garde que les larmes qui sont si douces aux yeux sont aigres au cœur, & que le miel qui est si suaue prouient d'vne herbe amere, on n'aura point de difficulté à croire que ce qui est plein de douceur en la plume ne laisse d'estre rempli de douleur dans les attaintes du mal. Il est vray que les plaintes des affligez sont naturellement importunes, mais comme les mots employez par mon Autheur prennent des lustres singuliers & des graces toutes nouuelles, aussi les maux dans les peintures de son Eloquence changent de nature, & quãd il les recite au lieu de se faire craindre ils se font desirer, & les descriptions qu'il fait de ses maladies sont presque des remedes pour se conseruer ou pour se remettre en santé. Car il faut recognoistre que si la Musique est capable de donner la guerison à ceux qui ont esté picquez de la

Tarantale, il n'y a point de melodie plus exquise pour charmer les passions de l'esprit & mesme pour assoupir les langueurs du corps que l'harmonie qui se forme des nombres des periodes, & des excellens accords de ces diuines Lettres. Et ie m'estonne que Coronat qui confesse d'auoir esté autrefois surpris de cet agreable chant, ait bousché ses oreilles comme l'aspic aux tons de ce sage enchanteur, pour les ouurir au discours de Philarque qui a bien le plumage de cygne, mais non pas la voix, & qui n'approche pas des doux & mignards accens de nostre Philomele. Florent ayant tesmoigné par vne petite pause qu'il pensoit auoir amplement satisfait aux obiections que Prudence auoit auancees contre les belles Lettres de Narcisse, il n'eust pas manqué de repartie & soudaine si la loy de ces assemblees Academiques qui se tailoient assez souuent chez Critobule n'eust esté semblable à celles des coureurs de bague, qui ne sont point admis à vne seconde course que ceux qui sont de la partie n'ayent couru à leur rang, ce qui retint Coronat & donna lieu à Sceuole d'entrer ainsi en lice auec vne fougue toute françoise. Ce n'est pas assez, ô Florent! que vous ayez purgé nostre Autheur des vaines & friuoles accusations de Coronat qui sont puisees des sentimens de Philarque, mais vous deuiez tout d'vne haleine renuerser tous ces deffauts sur Philarque mesme qui a bien assez de veuë pour regarder de pres les imperfections d'vn fameux Escriuain, mais qui n'est pas assez clairuoyant pour s'empescher de choper aux mesmes pierres qu'il a descouuertes, & de tomber dans les fautes qu'il a reprises. C'est ce qu'à fait voir assez amplement & peut-eſtre trop particulierement & ponctuellement ce bel eſprit qui a illuſtré Coignac de ſa naiſſance, & qui euſt eſté plus coigné en l'auanture de l'Iſle dont on a fait diuers Narrez ſi ſa valeur ne l'euſt ſauué des mains de ceux qui n'auoient pas enuie de le nourrir. De-là ſes aduerſaires luy donnerent le nom de Paladin dans leurs manifeſtes, l'honorant d'vn titre fameux en penſant le blaſmer. Mais ſans m'arreſter à ſes remarques que l'on peut voir en ouurant le liure qui eſt ſur cette table auecque les autres qui traittent de ce notable different & de cette memorable Hiſtoire, ie me contenteray de ſuiure l'ordre qu'a frayé Prudence & qu'a continué Florent en ſes reſponſes, faiſant voir par des demonſtrations auſſi claires que celles qui ſe forment par les regles de la Mathematiques, que l'aduersaire de Narcisse est tombé aux mesmes erreurs qu'il reprend dans nos belles & excellentes Lettres. Car ie vous prie qui ne void que pour la flatterie il la pratique d'autant plus bassement, & s'il faut ainsi dire seruilement qu'il entasse des loüanges excessiues qui feront sans doute monter le sang au visage de ces humbles personnages quoy qu'eminans en dignité & en vertu, si quelquefois elles passent deuant leurs yeux ou paruiennent par le recit de quelqu'vn à leurs oreilles. Il se fasche que mon Autheur die d'vn grand Prelat qu'il fait ses ioyes & ses deplaisirs, & qu'il le regarde comme toutes les choses que Dieu a faites, c'est à dire, comme s'il n'y auoit que luy au monde digne de sa consideration, & Philarque appelle des Dieux ceux qui se reconnoissent de purs hommes. Le dernier point de la flatterie

des

des Romains arriua lors qu'ils donnerent à leurs Empereurs des titres qui n'estoient deus qu'à la diuinité, & certes Philarque ne pouuoit mettre la sienne à vn plus haut degré qu'en diuinisant tous en vie des hommes, que le souuerain Pontife ne peut mettre qu'au Catalogue des Sainčts encore apres leur mort. Quelque grandeur que l'on aille imaginant en vn homme elle ne peut exceder les bornes de l'humanité & appeler esprit diuin, ou esprit angelique, celuy qui est enfermé dans vn corps de terre & qui l'anime, c'est à mon auis profaner les mots & les oster de leur droict vsage, c'est esleuer la terre au ciel, & raualer le ciel en la terre. Encore Narcisse a-t'il cet entregent de dire des loüanges genereusement & d'vne façon si glorieuse & ensemble si reseruee que vous diriez qu'il ne distribuë la gloire que comme des perles & des diamens, & il appele cela dire la verité de bonne grace. Que si nous opposons les vanteries de Philarque à celles de nostre Autheur, si nous les trouuons en moindre nombre nous ne les citimerons pas moins esleuees, ny moins ambitieuses. Et n'en est-ce pas vne solemnelle & repetee plusieurs fois quand il proteste que ses Lettres ne luy auoient cousté que la peine de les escrire sans attention, sans meditation precedente encore qu'elles soient remplies d'estude & de recherche, qu'elles estoient escrites ou dictees sur le champ, & comme en courant de lieu à autre & dans le tabut des Hostelleries apres la lassitude du chemin comme s'il eust voulu se delasser en reprenant les ouurages de Narcisse. Quand il les attribuë à vne force & boutade d'esprit, dont il enuoyoit les originaux tels qu'ils sortoient de dessous sa main sans garder aucune minute. Quand il les compare aux desseins & aux crayons de Michel-Ange qui valoient mieux que les ouurages acheuez des autres peintres, quand il les appele vne simple recreation de son esprit & vn amusement pour oster l'ennuy de l'oisiueté que les Medecins ordonnent à ceux qui prennent les bains ou les eaux. Quand il se vante de n'auoir point tant oublié de Rhetorique qu'il ne luy en reste assez pour en faire leçon à Narcisse. Quand il dit que les plus grands de ce Royaume luy demandent ses ouurages. Qu'il a trente besongnes à faire tout à la fois, & qu'il n'a donné que des momens à faire ses deux grosses liasses de lettres. Qu'il en fait tous les iours vne grande quantité d'autres en diuerses langues. Qu'il va aussi viste que le postillon de Iob. Qu'il saute de Rome aux costes de l'Angleterre, de là qu'il bondit aux

O ij

Pyrenees, & qu'en allant il fait des lettres de durée & patentes puis qu'elles sont escrittes en parchemin. Et tant d'autres semblables traicts que la memoire ne me fournit pas maintenant par ou l'on voit la vanité (comme disoit cet Ancien à vn Philosophe qui affectoit la gloire de la pauureté par des habits deschirez) à trauers les trous de la cappe. Vanité qui ne peut estre excusee par l'aage de Philarque, puis qu'il est bien auancé dans cette maturité qui a passé le temps de la premiere vieillesse, & est au rang de ces fruicts qui n'ont plus cette aigre pointe qui accompagne la verdeur des ans, mais dont la douceur est telle qu'ils sont sur le point de tóber à terre s'ils ne sont cueillis. Encore la ieunesse qui a dessein de se pousser sur le theatre du monde à t'elle besoin de quelque rayon de bonne opinion d'elle mesme qui luy serue comme d'aiguillon pour s'auancer & pour oser paroistre. Mais en la vieillesse ou est Philarque cela n'est plus de saison veu que la trompette sonne pour luy, plustost la retraicte que la charge. Son païs ne le peut encore pas excuser puisque cette humeur est autant esloignee du naturel des Parisiens, qu'elle est voisine de celuy des Gascons. Ceux qui sont nais dans cette grande ville sont taxez de niaiserie à cause de l'inclination qu'ils ont à la douceur, à l'humilité, & à la simplicité, qualitez repugnantes à la vanterie & à la veine gloire. Sa condition y est encore bien plus contraire puis qu'elle fait profession de mettre ceux qui si rangent parmy le rebut & la balieure du monde pour parler selon les termes de l'Apostre. Ie ne di pas quelle ne soit venerable aux Chrestiens & aux ames vraiment pieuses, & pour me seruir des mots mesmes de Philarque qu'elle ne soit la plus pure & la plus parfaicte partie du Christianisme. Mais ceux qui l'ont embrassée ont tellement renoncé à toutes les vanitez & pretensions du siecle qu'ils veulent bien estre tenus comme insencez pour l'amour de Iesus-Christ, qui a voulu luy mesme estre appelé le dernier de tous les hommes. Ce qui me fait estonner de Philarque qui se met en colere de cette derniere qualité attribuee au petit frere comme d'vne iniure insuportable. De dire que c'est son grand courage qui luy donne ce ressentiment, c'est vne excuse friuole puisque le vray courage non des freres seulement, mais de tous les vrais Professeurs de la doctrine du fils de Dieu consiste plustost à souffrir des iniures qu'à les repousser en recriminant. I'ay esté fait, dit le Roy Prophete, comme vn homme sans oreilles &

qui n'a point de replique en sa bouche. Ie me suis teu & humilié, i'ay mesme retenu de bonnes choses prisonnieres dans le silence pour ne me porter à des termes de malice en cherchant des excuses à mes deffauts, i'ay mis à mes leûres vne porte de circonstance. Ioint que refuter des vanteries par d'autres vanteries, c'est frotter vn fer par vn autre & les esclaircir tous deux, & doubler la vanité en la voulant destruire. De sorte qu'il a fait comme ces ioueurs de balon qui le remplissent de vent à mesure qu'il se des-enfle. Car voulant se iouër des vanteries de Narcisse il a luy-mesme rempli ses voiles de ce vent, & pour vn balon il en a fait voir deux au monde, & au lieu d'acquerir l'applaudissement du theatre il s'est exposé luy-mesme à estre plaudé aussi bien que Narcisse & a fait comme ce Cinique qui gastant les meubles de Platon auecque de la fange, difant qu'il fouloit aux pieds l'orgueil de Platon, mais c'eft auec vn plus grand faft luy refpondit ce diuin Philofophe. De le vouloir auffi deffendre par l'amour propre ce feroit luy faire vn bouclier de ce que ceux de fa condition qui ont renoncé au monde côbatent tous les iours & à toutes les heures à outrance, car qui ne fçait que tous les exercices fpirituels & Afcetiques ne vifent qu'à ce but, & ne battét qu'à ce point d'arracher du cœur de ceux à qui le móde eft crucifié, & qui font crucifiez au monde toutes les racines de la propre amour, & que fans ceffe ils font occupez à en retrancher les furions & les pampres, & à mettre en la place de cette mauuaife plante le mefpris du fiecle & celuy d'eux-mefmes. Si doncques la condition de Narciffe luy donne quelque forte d'excufe en les vanitez, cette couuerture ne peut mettre à l'abry celles de Philarque, veu mesme que s'il en fait vn si grand vice en vn Orateur il est beaucoup plus grand en vn homme qui a donné du pied à la gloire du monde. Encore nostre Autheur n'en va t'il pas là & quoy qu'il die que ses trauaux sentent plustost l'ambre & le musc que la sueur & l'huile, il auoüe neantmoins qu'ils luy coustent bien cher, qu'il les tire du fonds de l'estomac & du derriere de la teste, que la nature luy vend à grands frais ce qu'elle donne liberalement aux autres, qu'il fait comme ceux qui bastissent les Temples & les Palais auançant peu de besoigne en beaucoup de temps, qu'il est long à esclorre ses pensées, & qu'il se consulte longuement auant que produire les meditations de son esprit. Il reprend bien ɸ ɸ de faire de mauuais vers encore qu'ils eussent vn applaudissement fort grand dans l'estime du monde, mais de menacer tous les Poëtes du temps de leur apprendre leur meſtier, c'eſt vne brauade qui n'appartient qu'à Philarque, & dont l'effect eſt auſſi mal-aiſé que la parole en eſt facile. Que ſi nous paſſons dans la raillerie encore que l'Apologiſte en attribuë le ſecret & la fineſſe à Narciſſe, il faut auouër que Philarque y pipe & encore qu'il batte à froid ſes traicts ne laiſſent pas d'eſtre fort affilez. Et ce que i'y admire eſt de voir que ny la mortification de tant d'annees, ny l'auſterité de ſa vie ne luy ayent pas oſté cette pointe de gaillardiſe neceſſaire à ceux qui veulent dire des ioyeuſetez. Ces trois Centons qu'il tire des Lettres de Narciſſe & dont il fait ces trois Harangues ſelon les genres demonſtratif, deliberatif, & iudiciaire, ſont de parfaicts modelles de raillerie. L'Hiſtoire de Pierre Paſchal en eſt vn parangon. Les Paraphrases aussi de Lucian & Isocrate sont ingenieusement plaisantes. Et la difference des nez qu'il tire d'Aristote est vne plaisāterie qui a vn nez de Rhinocerot. Se peut-il railler plus agreablement que lors qu'il examine le Fragment du Prince de Narcisse en representant vn enfant au berceau faisant des actions d'vn Geant comme si c'estoit vn Hercule y estoufant des serpens. Ouurez ses ses Lettres vous en trouuerez fort peu qui ne soient parsemees de gausseries, & traicts aigres, d'attaintes mordantes, & de bons mots. Sur tout quand il manie les hyperboles de Narcisse, car c'est-là le champ le plus spacieux de ses mocqueries. Et en sa derniere Lettre qu'il addresse à ses Censeurs, peut-on repartir d'vne façon plus comique aux obiections que quelques vns faisoient contre ses escrits. Et bien que ses hyperboles ne soient pas si frequentes que chez Narcisse il en a neantmoins quelques vnes où il n'a pas gardé les bornes ny la moderation qu'il prescrit & qu'il desire en celles qu'il reprend, à vostre auis faire rire Ciceron & Demostene dans les enfers où il n'y a que pleurs & grincemens de dents, est-ce vne façon de parler qui puisse passer en des oreilles Chrestiennes sans chocquer leur creance. Appeler vn homme l'Antechrist des Orateurs, est-ce vne frase moderee ou excessiue. Donner à vn homme vn esprit diuin est-ce pas se laisser aller à cette erreur commune qui donne ce titre à Platon & mesme à cet infame Italien qui ne mesdisoit point de Dieu parce qu'il ne le cognoissoit pas, & n'est-ce pas parler Narcisse qui appele diuines les femmes de Rome. Attribuër à deux grands personnages le titre de Dieux de la pieté Chrestienne, n'est-ce pas esleuer l'hyperbole au plus haut estage où elle se puisse loger en luy mettant la pointe dans la diuinité, faire trente besognes à la fois, & n'auoir pas les mains de Briaree, n'est-ce pas vne hyperbole germaine de celle qu'il reprend en Narcisse qui dit qu'vn de ses amis à vne ame capable d'animer trente corps comme le sien. Mais en voici vne qui peut-estre nommee l'hyperbole des hyperboles, promettre plusieurs autres volumes sur la remarque des fautes de moins d'vne centaine de lettres qui ne feroient qu'vn bien petit liuret si elles estoient imprimees en menus caracteres, n'est ce pas faire vn abregé plus grand que l'Autheur mesme, & enfler vn crapaut à la grosseur d'vn bœuf. Que si à son auis le titre de Lettres est trop foible pour soustenir l'esclat de cette sublime Eloquence que se propose Narcisse,

& si les bornes de ce genre d'escrire sont trop estroittes pour retenir ces torrens de discours qui sortent de la bouche du vray & parfait Orateur, pourquoy Philarque a t'il chopé à cette pierre prenant cette mesme forme pour ranger ses pensees en vn ouurage où il se propose en reprenant l'Autheur des belles Lettres de traitter à plain fonds de l'Eloquence Françoise. C'est ainsi qu'il arriue souuent à ceux qui guident les autres de se fouruoyer eux mesmes : mais qui plaindra l'enchanteur, dit le Sage, lors qu'il sera picqué du serpent, & qui ne se rira de celuy qui est tombé dans la fosse qu'il auoit preparée à vn autre, n'est-ce pas reuenir au prouerbe sacré Medecin gueri toi, & à la Parabole de celui qui voyoit vn festu en l'œil de son prochain, & ne s'apperceuoit pas de la poutre qui offusquoit les siens.

CONFERENCE ACADEMIQVE.

TROISIESME PARTIE.

ICI Victor releuant la parole respondit ainsi en la deffence de Philarque. Messieurs les reproches que Sceuole a voulu renuerser sur la teste du Correcteur de Narcisse ont la pince si legere que i'eusse desdaigné d'y repartir comme à des obiections qui se deffont d'elles mesmes, pareilles à la gresle qui tombe auec impetuosité & se fond incontinent, si la bien séance de la conversation ne m'obligeoit de contribuër quelques vnes de mes pensees à cette compagnie. Et ie veux croire que c'est plustost par gentillesse & exercice d'esprit que pour le soustien de la verité que Sceuole a voulu enfiler cette carriere, & pour nous faire voir qu'il a les ongles si subtiles qu'il peut pincer sur la glace d'vn miroir, ou sur le poli d'vne enclume. Car ie vous prie de quel air peut-on taxer de flatterie celuy que ses calomniateurs accusent comme ayant parlé sans respect, & inconsiderement des Cardinaux, des Euesques & des plus grands de ce Royaume. Le cheual, dit Plutarque est vn mauuais courtisan, parce qu'il iette aussi bien hors de selle vn Prince qu'vn homme vulgaire s'il n'est ferme dans les arçons, nostre homme qui proteste vne haine implacable contre le monde & particulierement contre

contre cette haute region du siecle qui est la Cour, & qu'on nomme le grand monde, & qui par tout blasme les Courtisans auec des termes aigres & satyriques, auroit-il tant d'inegalité d'esprit que de se desdire aussi-tost en se raualant à des flatteries autant indignes de sa condition qu'esloignees de son humeur. Ouy, mais il appele de grands personnages, les Dieux de la Pieté, c'est ici que ma condition m'oblige d'insister vn peu & selon le conseil de l'Apostre de magnifier mon ministere. Permettez moy ie vous prie vne digression qui peut-estre ne vous sera pas moins vtile que delectable. Les grands noms marquent les grandes choses, & sont quelquefois la recompense des grandes actions, les personnes insignes dans le monde se plaisent à des titres illustres qui tesmoignent ou leurs dignitez, ou leurs vertus, & s'en com-

P

plaisent comme s'ils auoient des couronnes sur leurs testes. Dieu mesme se plaist à cela & encore que nul nom ne puisse estre appliqué à son immensité incomprehensible, si est-ce qu'il en prend vn grand nombre des plus releuez dans l'escriture pour imprimer dans nos esprits vn grand respect de sa Maiesté. Le nom de quatre lettres tenu en si grande veneration parmi les Hebrieux. Ie suis celuy qui suis, dit-il à Moyse. Celuy qui est m'a enuoyé à vous. Il s'appele Seigneur, fort, tout-puissant, grand, terrible, Prince de paix, Dieu des batailles, & tant d'autres. Et vn Ange parlant à vn Patriarche qui luy demandoit le nom de Dieu, pourquoy veux tu sçauoir ce nom, luy dit-il, qui est admirable. Admiration qui s'esleue au dessus de toute cognoissance. Et l'Apostre parlant des souffrances & des humiliations du Fils de Dieu nous apprend que pour s'estre aneanti iusques à la mort, & la mort de la Croix son Pere luy a donné vn nom qui est par dessus tout autre nom, & veut qu'au nom adorable de Iesus tout genoüil flechisse, au ciel, sur terre, & sous la terre. Et Dieu parlant à Dauid par la bouche d'vn Prophete fait plus d'estat du grand nom qu'il luy a donné que du diademe qu'il a fait tomber sur sa teste. Ie t'ay donné vn nom, luy dit-il, aussi grand qu'à aucun qui soit sur la terre. Et il est dit des bien-heureux qu'ils ont chacun vn nom nouueau sorti de la bouche de Dieu qui exprime toute leur gloire, & il est escrit des Esleus qu'ils se doiuent resiouir de ce que leurs noms sont escrits dans les cieux. I'auance tout cecy pour vous faire entendre que comme il n'y a point de qualité ny de dignité sous le ciel égale à celle des Prelats & des Prestres, il ne se faut pas estonner si dans les escritures ils ont de grands noms & qui estonnent ceux qui les oyent. Vous ne pouuez ignorer que ces deux illustres personnages dont parle Philarque au lieu ou vous l'accusez de flatterie pour les auoir nommez les Dieux de la Pieté Chrestienne sont esleuez aux plus eminens degrez des dignitez Ecclesiastiques, la pourpre de l'vn le rend voisin de celle qui est souueraine en l'Eglise, & l'autre n'est pas seulement homme Apostolique, mais successeur des Apostres, & tous deux des Apostres en quelque façon, & tous deux armez de ce diuin caractere que les Anges mesmes honorent comme il se void en l'Apocalypse. Quoy s'il les appele les fleaux des Athees, la perle des continens, les Protecteurs de la deuotion, les deux oliuiers, & les deux chandeliers ardens au Tabernacle de l'Eglise, estimez-vous ces loüanges flatteuses ou excessiues, veu qu'elles sont bien bas au dessous de la premiere qui les nomme des Dieux. Certes les Prestres ont diuers noms dans les sainctes pages, & noms si esleuez qu'il faudroit accuser de flatterie les Escriuains sacrez, ou plustost le S. Esprit mesme qui a parlé par eux si cette accusation estoit receuë. Voyons en quelques vns. Ils sont nommez Ambassadeurs de Dieu. L'Apostre nostre fonction, dit-il, est de porter les Ambassades de Dieu aux hommes & de les exhorter au nom de Iesus-Christ, de rentrer en reconciliation auecque le Pere Eternel. Ils sont appelez Sacrificateurs qui sacrifient tous les iours ce sacrifice de iustice, ce sacrifice non sanglant de l'Agneau sans tache, ce sacrifice perpetuel qui doit continuer iusques à la consommation du siecle. Ils sont dits Ministres où seruiteurs de Dieu. Que ces hommes nous tiennent, dit l'Apoſtre, pour Miniſtres de Ieſus-Chriſt & pour diſpenſateurs des Miſteres diuins. Ils ſont qualifiez la lumiere du monde & le ſel de la terre. Lumiere en bon exemple & le ſel en doctrine. O Preſtres gardez que voſtre lumiere ne deuienne tenebreuſe & voſtre ſel affadi, car ſi la lumiere s'eſteint comme pourra-t'on voir ſi le ſel ſe corrompt, auec quoy pourra-t'on preſeruer de la corruption. Ils portent le titre d'Anciens, c'eſt ce que ſignifie le nom de Preſtre parmi les Grecqs, & c'eſt vn des noms de Dieu qui s'appele l'Ancien des iours. Ils ſont appelez cieux comme remarque ſainct Auguſtin ſur ce verſet du grand Pſalmiſte. Les cieux racontent la gloire de Dieu, & des Firmamens de la terre, comme le meſme enſeigne ſur cet autre il y aura vn Firmament en la terre aſſis ſur la ſommité des montagnes, ſon fruit ſera eſleué au deſſus du Liban. Ils sont nommez les oings du Seigneur, ne touchez point mes Christs, & ne traittez point malicieusement mes Prophetes qui est encore vne autre qualité qui leur est attribuée selon qu'il est escrit, malheur à toy Ierusalem qui fait mourir mes Prophetes. Ils sont honorez du nom de Rois, & le Sacerdoce est appelé Royal. Aussi de ceux de Capitaines & chefs des peuples, de Temples & de vaisseaux sacrez & de vases d'elite. Ils sont nommez Iuges, ils sont assis en iugement sur la maison de Dauid, ils sont assis sur des sieges iugeans les douze tribus d'Israel, ils sont appelez Pasteurs, Docteurs, Euangelistes, par l'Apostre, ils portent le nom d'Anges. Les leures du Prestre, dit Malachie, sont gardiennes de la science, & il faut prendre la loy de sa bouche car il est l'Ange du Seigneur des armees. Ils sont nommez peres. Vous aurez touſiours, dit le grand Apoſtre, quantité de Precepteurs en Ieſus-Chriſt, mais peu de peres. Tous ces noms-là & tant d'autres que ie paſſe pour n'eſtre ennuyeux ſont grands & releuez, mais le tranſcendant eſt celuy de Dieux, nom qui leur eſt appliqué tant de fois dans les Eſcritures. Dieu s'eſt mis au milieu des Dieux, dit le Roy Prophete, mais c'eſt pour les iuger tous. I'ay dit, vous eſtes des Dieux & tous les enfans du tres-haut. Ie t'ay fait le Dieu de Pharaon, dit l'Eternel parlant à Moyſe. Ce ſont ces Dieux de la terre puiſſamment eſleuez dont le Pſalmiſte parle. Que ſi dans l'Euangile ceux-là ſont appelez Dieux à qui la parole de Dieu a eſté annoncée, combien à plus iuſte raiſon doiuent porter ce titre ceux qui ont receu le S. Eſprit, & par cette reception la ſcience de la voix & la faculté de preſcher cette diuine parolle & d'Euan-

III. Partie.

gelifer aux hommes le Royaume de Dieu. Ie passe plus outre & pour m'esleuer vn peu dans la contemplation de ce grand titre, ie di, que comme en Dieu il y a vnité d'essence en la distinction des personnes, il y a aussi entre Iesus-Christ & les Prestres vnité de Sacerdoce quoy que les personnes soient distinctes. Car celuy-là est Prestre eternellement selon l'ordre de Melchisedec, & comme dit le grand Apostre il a vn sacerdoce eternel & c'est luy qui par les mains & les bouches des Prestres de la terre qui sont ses membres & ses organes, offre tous les iours son corps à son Pere eternel sur nos Autels, estant asseuré que quand le Prestre profere les adorables parolles. Cecy est mon corps, ce n'est pas le corps du Prestre, mais celuy du Fils de Dieu parlant par la bouche du Prestre qui est rédu present sous les sainctes especes, dont la sub stance est changée & non les accidens. Et c'est principalement en cet auguste Mistere que le Prestre peut dire le mesme que l'Apostre, quoy cherchez vous de sçauoir par experience que c'est Iesus qui parle en moy. Ie di plus que comme il y a dans l'vnique essence de Dieu, vn Pere, vn Fils, & vn S. Esprit, trois personnes si distinctes que le Pere n'est point le Fils, ny le Fils le Pere, & le S. Esprit n'est ny le Pere ny le Fils, tout de mesme qu'en l'ame humaine il y a trois facultez en vne seule substance, en quoy consiste le principal caractere de l'image de Dieu en l'homme, la memoire féconde representant le Pere l'entendement, le Fils engendré par l'entendement diuin, & la volonté le S. Esprit produit par la voye de la volonté. Aussi dans vn mesme Prestre on voit reluire l'image de ces trois diuines personnes en vertu du sainct Sacerdoce. Car ainsi que le Pere engendre son Fils Eternel figure de sa substance & splendeur de son eternelle lumiere par la parolle d'où il est appelé Verbe. Qui ne void que la principale fonction du Prestre est de rendre present par la parole sacrée le corps du Fils de Dieu où il n'estoit pas auparauant. Estans en quelque façon Peres de Iesus, non seulement faisant la volonté diuine, ce qui est commun à tous les bons selon l'enseignement du Sauueur en l'Euangile, mais en vertu de la puissance qui leur est donnée sur le corps du Fils de Dieu. Les trois plus grandes choses qui soient iamais sorties de la main toute puissante du Createur selon la doctrine de l'Ange de l'Eschole sont l'humanité sacree du Redempteur, la tres-saincte Eucharistie, & la tres-heureuse Vierge Mere, & les Prestres, qui ont pouuoir de distribuër cette saincte humanité vnie personnellement au Verbe par le moyen de l'Eucharistie qu'ils consacrent & qui tiennent tous les iours de leur vie en leurs mains celuy que la Vierge tres-pure n'a eu que neuf mois dans ses chastes entrailles, à vostre auis n'ont-ils pas vne condition esleuée par dessus l'humaine & fort proche de la diuine. La distribution qu'ils font aux fidelles de ce corps sacré n'a t'elle pas rapport auecque cette mission que le Pere fait de son Verbe en la terre pour le salut des hommes. Que si Ioseph figure de Iesus a esté appelé Sauueur du monde pour auoir par sa preuoyance sauué l'Ægypte du fleau de la famine, & retenu dans leurs corps beaucoup d'ames qui en eussent esté chassees faute de nourriture. Ceux qui communiquent au monde la manne cachée, mais veritable ce pain vif & viuifiant descendu du ciel pour la vie du monde, ne pourront-ils pas porter ce titre, veu mesme que l'Apostre les appele cooperateurs auecque Dieu du salut des humains, & en cette qualité ne dira-t'on pas d'eux vous estes des Dieux, & vous estes tous les fils de Dieu. Ils sont aussi des esprits saincts non seulement quand leurs esprits sont sanctifiez par la grace selon que dit l'Apostre, la grace du Seigneur est respanduë en nos cœurs par le S. Esprit qui nous est donné non seulement quand faisant progrez au bien ils auancent de lumiere en lumiere par le secours de l'esprit de Dieu, mais parce que par le ministere de l'imposition des mains ce mesme S. Esprit leur a esté donné qui est luy mesme le don Eternel du Pere au Fils, & du Fils au Pere, selon qu'il est escrit receuez le S. Esprit. Esprit transmis des Apostres à leurs successeurs, & ainsi par vne succession continuée à tous ceux qui ont la science de la voix, & par eux aux fidelles tant par la predication de la saincte parolle que par l'administration des Sacremens, qui sont comme les canaux des sources du Sauueur & du S. Esprit. En quoy le Prestre à part à ces trois principaux attributs de la diuinité, la puissance, la sagesse, & la bonté. Puissance donnée au Pere, sagesse au Fils, & bonté au S. Esprit. Puissance au Pere engendrant le Fils dans son propre sein, & vn fils égal à soy-mesme, au Pere creant d'vn rien toutes choses, à raison dequoy nous le nommons en nostre Symbole Tout-puissant & createur du ciel & de la terre. Ô que la puissance des Prestres est admirable puisqu'elle surpasse autant celle de créer le monde, que tout le monde est moindre en valeur qu'vne ame, ny que le corps du Sauueur, sur ce corps nous venons de dire quel pouuoir ont les Prestres, sur les ames oyez tout ce que vous lierez en terre sera lié au ciel, tout ce que vous y deslierez sera aussi deslié la haut. O pouuoir incomparablement plus grand que celuy de Iosué qui arresta le cours du Soleil, puisque les Prestres rendent fixe sur nos Autels le vray Soleil de Iustice, Dieu comme à ce Capitaine d'Israel obeïssant à la voix & à la parolle de l'homme. Si autrefois l'Apostre pour esleuer la gloire de la nature humaine par dessus l'Angelique, disoit, à quel des Anges l'Eternel a-t'il iamais dit vous estes mon fils, comme il le dit à vn homme qui est Dieu comme luy, renforçons cet argument Apostolique, & disons à quel des Anges de quelque haute Hierarchie qu'il soit a-t'il iamais donné pouuoir de consacrer le corps de ce diuin Homme & de remettre les pechez. Mais cette puissance prodigieuse doit estre conduitte par les Prestres & les Pasteurs auec vne grande sagesse, parce que les hautes montees sont suiettes à de profondes cheutes, & ceux qui cheminent par des precipices doiuent bien prendre garde où ils mettent leurs pieds. C'est ce qui a fait dire à vn Pape grand en dignité, en saincteté & en doctrine, que le gouuernement des ames estoit l'art des arts, & celuy qui auoit besoin de plus d'industries que la prudence humaine n'en peut fournir. A raison dequoy ceux qui l'exerçoient deuoient à l'exemple de Salomon demander à Dieu la sagesse assistante de son throsne, affin qu'elle trauaillast auec eux en cette difficile besoigne. Encore ces artifices seroient-ils de peu d'effect si celuy qui les employe n'a de la bonté pour persuader la science de la disciplice, parce que les hommes sont naturellement plus portez à suiure

ure les actions que les parolles, & a
se laisser mener par les faicts pluſtoſt
que par les preceptes. Il faut donc
que ceux qui veulent conduire les autres au bien & en la voye de ſalut y
marchent les premiers comme font
les beliers à la teſte des troupeaux. Il
faut qu'ils ſoient aux peuples ce que
les verges bigarrées de Iacob eſtoient
à ſes brebis, affin qu'ils prennent les
couleurs qu'ils leurs propoſeront.
Mais leur bonté doit principalement
reluire en la charité & en l'amour,
dont le propre eſt de ſe reſpandre &
communiquer ſe rendans Peres, Pa-
ſteurs, Medecins, & tout à tous pour
les gaigner tous au Prince des Pa-
ſteurs & Eueſques de nos ames Ieſus-
Chriſt. Ils doiuent auoir des mam-
melles pleines d'vn laict doux & nou-
riſſant & qui ne tariſſent iamais, & ſur
tout vn ſoin vigilant ſelon ce que dit
l'Apoſtre, celuy qui eſt en Prelature

Q

doit estre en vne solicitude continuelle, parce que de leurs mains le sang de ceux qui se perdront par leur negligence doit estre demandé. Or iugez maintenant par ce peu que ie viens d'auancer d'vne qualité si eminente si celuy que ie deffends a eu tort d'appeler Dieux de la Pieté ces deux grandes lumieres du Firmament de nostre Eglise Gallicane dont les merites ne peuuent estre esgalez par des loüanges mortelles. Peut-estre direz vous que pour refuter vne ioyeuseté ie me suis trop mis sur le serieux & que i'ay fait vne piece de Sermon au lieu de contribuër simplement à vn discours familier & à vne conference priuee. Mais si vous considerez ma condition & mes exercices ordinaires vous treuuerez que i'ay parlé selon ma profession & mon deuoir, & que pour ceux dont i'ay soustenu la valeur ie ne pouuois assez dire puisque Dieu mesme loüe leurs ames & ne tait pas leurs iustes loüanges, leur donnant de grands noms en la terre en attendant ceux qu'il leur reserue au ciel. Non plus que mon Autheur n'est pas blasmable s'il a appelé Esprit diuin le plus excellent qui ait esté employé depuis plusieurs siecles à la conduite de cette Monarchie, veu que l'Apostre nous apprend que celuy qui s'attache à Dieu deuient vn mesme esprit auecque luy & se transforme en son image. Veu que ceux qui le voyent dans le ciel luy sont faicts semblables, & veu que S. Augustin nous enseigne que celuy qui aime Dieu deuient vn Dieu luy-mesme. Passons maintenant aux vanteries dont Sceuole accuse Philarque. Certes s'il appele de ce nom les veritez auantageuses qu'vn homme dit en sa deffence, il faudra desormais que tous les accusateurs ayent gain de

Q ij

cause de peur que les gens de bien ne violent l'humilité en conseruant leur innocence. Certes il ne faut que lire cette belle Apologie de Socrate escrite par Platon, & traduitte par mon Autheur en sa seconde partie, & vous y trouuerez que cet homme iugé pour le plus sage de son temps se donne bien d'autres licences, & tant s'en faut qu'il s'excuse des crimes que ses calomniateurs luy reprochoient auecque fausseté, qu'au contraire aux traicts de la mort il fait des leçons de vertu à ses Iuges, il reprend les Atheniens de leurs vices auec vn courage inuincible, & pour punition il se dit meriter d'estre nourri aux despens du public au Pritanée comme vn homme necessaire à la Republique. Y a-t'il vne brauade pareille à celle-cy dans toutes les Lettres de Philarque. Il est vray qu'elles luy coustent aussi peu à faire, que Narcisse a de tourment &

de peine à enfanter les siennes, voulez-vous qu'il mente pour faire le modeste, & que son aduersaire soit crû quand il dit que ceux qui iugent la peine qu'il a à escrire la deuinent pluſtoſt qu'ils ne l'apperçoiuent. Et qui eſt ſi mauuais iuge de la peinture qui ne prefere les excellens crayons de ce rare peintre du Mouſtier, a tant de tableaux faicts par des mains peu adroittes encore qu'ils ayent toutes sortes de couleurs. Ceux qui sçauent de quelle façon il a composé les Lettres aſſeurent que ce n'eſt point vne inuention faicte à plaiſir de les datter des diuers lieux où il les a faictes en voyageant, & quelles luy ont pluſtoſt serui de diuertiſſement d'eſprit que d'occupation serieuse. Que ſi vous trouuez eſtrange qu'il se diſe sçauoir aſſez de Rhetorique pour en faire leçon à son aduersaire, ne voyez vous pas que c'eſt vn vieillard qui parle à vn ieune homme & qui le traitte de Precepteur à disciple, non tant par le priuilege de l'aage que par celuy de la capacité. Cette Lettre dont il fait l'analise ou la resolution, & qu'il redresse si dextrement pour luy donner vne forme raisonnable, n'est-ce pas vn theme d'escolier corrigé par son Pedagogue. Que des plus doctes hommes de cette grande ville luy ayent demandé la communication de ses ouurages, c'est vne chose que ie sçay de certitude asseurée & Critobule qui est ici nostre President & directeur sçait que luy-mesme a eu cette curiosité & la consulté souuent sur quelques difficultez qu'il auoit rencontrées en la lecture de S. Denis Areopagite que ce grand personnage a fait cognoistre à toute la France. Ouurage excellent, loüé non seulement par le tesmoignage de quelques doctes, & particulierement par le B. François de Sales Euesque de Geneue en son Theotime, mais par la plume mesme de ses ennemis. S'il dit qu'il a beaucoup d'affaires & qu'il fait de grands voyages, c'est plustost vne description de sa charge qu'vne vanité, puisque chacun sçait que pour remplir beaucoup de fueilles il faut escrire bien des pages. Et ie m'estonne que Sceuole n'a encore mis au rang de ses vanteries ce qu'il dit pour repousser vne calomnie plustost qu'à dessein de s'estimer d'auoir par vn traitté particulier deffendu l'authorité des Prelats contre les Satyres du plus insolent des Ministres de France. Mais quoy lors que quelqu'vn ne nous aggree pas, ou quand nous lisons vn liure plustost auec intention de le censurer que pour y apprendre, nous ressemblons aux ventouses qui n'attirent que le mauuais sang, & nous ne remarquons que les deffauts & non les bonnes parties qui s'y rencontrent. Ie n'ay donc que faire de chercher des excuses dans l'aage, le païs, la condition, le courage, la renommee, où l'amour propre de mon Autheur pour pallier ses vanteries, comme Sceuole a voulu faire pour rendre celles de Narcisse moins ridicules, puisque les traicts que Philarque a dits à son auantage sont aussi voisins de la verité qu'esloignez de la vanité. Comme aussi les pointes aiguës de raillerie dont il se sert contre son aduersaire pour deffendre comme l'abeille son miel auecque l'aiguillon, en quoy il ne peut estre blasmé qu'on ne fasse en mesme temps le procés à plusieurs anciens Escriuains de Sermons qui en des suiects si serieux comme sont ceux de l'Euangile & en vne fonction si saincte, & en des ordres aussi austeres que celuy de mon Autheur, ont dit des ioyeusetez non moins agreables que veritables. Que s'il y a dequoy rire aux centons qu'il a tissus des ouurages de sa partie, ne voyez vous pas que s'il fournit la forme Narcisse au moins en donne la matiere, & qu'ils ne peuuent estre ridicules l'vn sans l'autre, & quoy que l'Apologiste s'essaye de se parer des coups fourez de Hortensius par quelques raisons assez froides, cela n'empesche pas qu'ils ne portent & que le faux Pedant ne parle le vray Narcisce. Mais y a-t'il rien d'égal à l'Histoire de Pierre Paschal, de moy ie ne croy point que la plus fine glace de Venise ait iamais mieux representé vn visage, ny plus au naturel que cette piece nous figure le procedé de Narcisse pour se pousser sur la rouë de la fortune, ny que iamais cette rouë ait receu vn plus mauuais tour que celuy que Philarque luy a fait prendre pour le Paschal de nostre aage, & encore qu'il n'y ait qu'vne lettre à changer au nom, il n'y a rien du tout à changer au mistere. La ioyeuseté des nez est agreable en l'application, & ceux qui la reprennent donnent ils pas vne nazarde à Philarque sur le nez d'Aristote, ie di de cet Aristote que toute l'escole n'oseroit dementir. Quand au lambeau de la piece du Prince où mon Autheur pince Narcisse comme il faut, nous attendons que cet Autheur nous fasse paroistre ce Dauid sous les armes de Saul, affin que Philarque le des-arme & le reduise à la fonde & à la panetiere. Ie viens aux hyperboles dont mon Autheur est repris. Rire dans les enfers est tenue pour vne façon de parler extrauagante, mais quand on entend vn diable qui porte son enfer par tout, rire dans le corps d'vn possedé & se resiouir du mal d'autruy, qu'est-ce que cela sinon rire dans les enfers. Car

III. Partie.

quant à ces termes de diuin esprit & de Dieux de la Pieté Chrestienne ie croy que nous les auons tantost mis en leur iour & expliquez assez clairement. Mais quand à l'hyperbole des hyperboles c'est celle qu'il faut que ie renuerse sur la teste de Sceuole, & que ie luy fasse voir qu'il n'y a rien de faux ny d'extrauagant en la promesse que fait mon Autheur de faire plusieurs volumes sur les fautes d'vn seul, puis qu'il est vray que les fautes ne se remarquent pas simplement, mais se refutent amplement, & qu'il n'y a celuy qui sache qu'il y a cent fois plus de liures qui combattent les erreurs de Caluin que Caluin n'a fait de liures. Et puis que Sceuole triomphe de son abregé plus gros que l'Autheur mesme, & qu'il iouisse à son aise de la complaisance d'vne si glorieuse victoire. Mais il est bien plus agreable quand il reprend Philarque d'auoir repris Narcisse pour s'estre renfermé dans les bornes des Lettres trop petites pour donner vne iuste carriere à cette sublime Eloquence dont il desire la gloire, & de s'y estre luy-mesme enclos. Sans considerer que mon Autheur ne fait ici que des leçons à Narcisse non pas des Oraisons estenduës ou des traittez Oratoires, protestant en sa Lettre à Policrates qu'il pretend à vne autre gloire que celle qui est au monde, gloire beaucoup plus solide que celle de l'Eloquence, & qui est le vray corps dont celle-cy n'est que l'ombre, & qu'il quitte franchement à Narcisse cette vaine fumée pour la mettre dans ses cassolettes & en augmenter ses parfums dont il nomme le plaisir innocent & chaste, encore que les Dames les plus parfumées n'ayent pas la reputation d'estre les plus chastes, ny les plus innocentes. Et ie vous prie de quelle façon eussiez-vous voulu, ô Sceuole, que mon Philarque eust respondu aux demandes de son Ariste, sinon par des Lettres proportionnant le remede au mal & la correction à la faute, affin que la posterité venant à conferer celles de Narcisse auecque celles de Philarque trouuast en celle-ci les antidottes des venins de celles là. Mais c'est voſtre Narciſſe qui est blasmable d'auoir si mal choisi son champ de bataille & d'auoir voulu acquerir la gloire de bien courir en la lice de l'Eloquence en vne carriere de trois pas. Ioint que c'est vne vanité toute expresse de cet Autheur des belles Lettres d'en auoir fait imprimer la plus grand part sans les auoir iamais enuoyees à ceux qui l'euſſent repris de ses temeraires priuautez, se feignant des suiects & des occasions à son gré, & se proposant de grands hommes pour faire passer ses plaisanteries pour des matieres serieuses & paroistre homme d'Estat deuant les ignorans, & ignorans deuant des hommes d'Estat. En quoy il est autant sorti des bornes de la bien-seance, comme Philarque s'y est contenu escriuant à vn ami des choses familieres non des discours tendus & bandez comme la peau d'vn tambour qui ne fait du bruit qu'à cause qu'il y a du vuide. Iusques ici ie pense auoir purgé mon Autheur des deffauts dont Sceuole la voulu charger, ie donne maintenant le boucquet à Nectare que ie sçay estre partial pour Narcisse & qui tesmoigne à sa côtenance d'auoir quelque chose à nous dire. Il est vray reprit Nectare que i'auois quelques pensees à produire deuant cette compagnie : mais comme il est mal-aisé que plusieurs courent en vne mesme lice sans fouler les pas l'vn de l'autre, il me seroit difficile de repasser sur vos pistes sans repeter les considerations que vous m'auez enleuees, c'est pourquoy ie me suis reserué à glaner seulement apres de si diligens moissonneurs, & à dire vne parolle de ceux qui outre Philarque ont voulu donner des attaintes aux belles Lettres. Le petit frere Autheur de la Conformité qui a fait naistre cette excellente Apologie dont on veut ie ne sçay pourquoy oster la gloire à vn esprit capable de plus grandes choses, & qui a fait voir vne censure qui ne doit rien en solidité à ce second ouurage. Ce petit frere, dis-ie, est le premier qui a ouuert le pas pour descouurir les emprunts dont nostre Autheur se fait riche, mais il faut auoüer qu'il adiouste tant de graces & d'ornemens aux passages qu'il imite où qu'il tire des anciens liures, que ie trouue qu'il leur donne des lustres nouueaux & qu'il les illustre plustost que de s'en parer. Depuis le Paladin Aristarque a voulu luy donner des coups de bec & de plume, mais comme son dessein battoit principalement contre Philarque ces traicts lancez indirectement ne firent pas beaucoup d'impression. Hortensius a esté fort mordant, & par vne voye oblique a voulu gaster les fleurs de nostre parterre, mais l'Apologiste sembloit auoir assez suffisamment reparé ces legeres breches si le Valentin ne fust venu dresser vn tombeau à nostre Apologie & à nostre Orateur. Ce n'est pas mon dessein de le releuer de ce sepulchre, qui luy sert plustost de monument de gloire que de marque de la mort de sa renommee. Si les attaintes de Philarque n'estoient point plus fortes que celles de cet auanturier, mon Autheur, ne se mettroit pas en grands frais pour faire des responces. Mais tout ainsi que quand

quand vn gros quartier de roche se destache d'vne montagne il traine deuant & apres soy vne grande quantité de moindres pierres, il est à esperer que dans la responce à Philarque Narcisse dont les doigts sont adroits à cette guerre trainera à leur ruine tous ces petits Docteurs, ainsi qu'il les appele, qui ont voulu comme des des Marsies s'esleuer contre Appolon, & qu'il fera comme le cocq qui mange les Cigales qui chantent & sautent autour de luy. Les Pigmees à ce que dit la Fable firent vn iour vne entreprise contre Hercule endormi, & comme ils commençoient vn assaut contre vn de ses pieds croyant que ce fussent des puces, il ne fit que le retourner & il en écrasa vn grand nombre par ce mouuement, vn traict de plume de mon Autheur seroit capable de noircir la renommee de tous ces menus esprits qui veulent eterni-
R

ser leurs noms en mettant le feu au plus bel ouurage qui fut iamais consacré au Temple de memoire. Mais il n'a garde de leur faire vn si grand bien que de donner la vie à leurs noms en donnant la mort à leurs erreurs, encore qu'ils payent ce qu'ils apprennent dans ses Lettres d'vne ingratitude pareille à celle de ces serpens qui donnent la mort en naissant à celle qui leur fait voir la lumiere. Cette punition seroit leur couronne & leur dommage, seroit leur profit. Cependant ie te tire de cette multitude de contredisans la marque infaillible de l'excellence de mon Autheur, car comme les Cantharides ne s'attachent qu'aux plus belles roses, aussi l'enuie ne se prend qu'aux hommes d'eminente vertu & qui ont des qualitez extraordinairement remarquables. Les Atomes ne paroissent en l'air que quand le Soleil le dore de ses rayons. Les mousches volent au parfum qu'elles corrompent quand elles y demeurent attachees, les papillons voltigent autour de la lumiere & aussi les chauuesouris, celles-cy pour l'esteindre, ceux là pour y brusler leurs aisles. La terre eschaufée des rayons de l'astre du iour pousse des vapeurs en l'air qui nous desrobent sa clarté. Mais en fin ce grand flambeau perce tous ces obstacles pour nous monstrer son beau visage. Les oiseaux importuns qui venoient troubler le sacrifice d'Abraham furent escartez aussi facilement que temerairement ils s'estoient abbatus sur la victime. Si vne fois la deffence de mon Autheur apporte au iour vne nouuelle clairté ie m'asseure que tous ces oyseaux de la nuict qui ont voulu obscurcir ses ouurages & faire sur ses mots delicats ce que les Harpies sur ceux de la table de Phinée seront contraints de se retirer dans leurs cachettes & de quitter la partie. Et peut estre Philarque mesme qui a voulu comme l'Ancien Eleazar mettre par terre l'Elephant, se trouuera-t'il écrasé sous sa pesanteur. Car ie ne doute point qu'il ne releue son accent & qu'il ne se fasse entendre d'vn ton aigre & poignant quand il repartira aux violentes accusations que Philarque fait contre sa vie & ses maximes, autrement il faudroit estre non seulement stupide mais insensé pour estre insensible en de telles occasions. Et certes si cet aduersaire se fust tenu dans les limites qu'il s'estoit prescrittes & n'eust point passé le suiet de l'Eloquence, qu'il vouloit monstrer estre fausse en mon Autheur sans se ietter dans les inuectiues contre la doctrine & les mœurs, il n'y eust eu que du plaisir en ce combat de paroles, mais depuis que ceux qui combattent aux tournois qui se font pour le plaisir se picquent iusques à se quereller & a vouloir changer les lances cheuillees en des ioustes à fer esmoulu, alors les ieus se changent en batailles, & les ioyes en déplaisirs. Aussi quand d'vne matiere studieuse on en fait vne odieuse, & d'vn procés ciuil vn criminel, c'est lors que les abeilles sont changees en cantharides, & le miel en fiel. C'est lors que l'on passe les termes de la moderation, & que le Cordonnier porte son iugement plus outre que la pantoufle. Et à parler sincerement qui est-ce qui n'a trouué estrange que Philarque se soit amusé à chercher des ordures parmi des fleurs, au lieu de cueillir des roses dans du fumier, & qui ne s'est estonné de voir tant de courroux en vn esprit celeste, & tant d'impressions & d'orages en cette haute region des esprits sequestrez du siecle où nous estimions qu'il y eust autant de tranquilité que sur le faîte du mont Olympe. Il y auoit quelques licences de ieunesse en quelques Lettres de Narcisse que le monde pouuoit ignorer sans beaucoup de peine, mais de les mettre au iour en leur plus grande laideur & en faire dans la copie des impressions plus dangereuses que dans l'original, est-ce pas pour nous faire voir qu'vne tache paroist beaucoup plus sur vn habit blanc que sur vn autre de couleur plus sombre. Il y a des vices qu'il ne faut ny reciter ny refuter, & dont le grand Apostre ne veut pas que le nom passe par nos leures de peur quelles n'en demeurent polluees. On ne sçauroit assez recommander l'honnesteté, on ne se peut assez taire du vice qui luy est opposé. Il en est de mesme des impietez qui ne peuuent estre mieux voilées que par le silence, & s'il y en eust eu quelques vnes dans nos belles Lettres pourquoy les mettre en euidence à ceux qui ne les voyoient pas, & pourquoy donner la gesne à des parolles pour leur donner vn sens contraire à celuy de l'Autheur qui seul est le Maistre de son intelligence. Appeler mesdisances, calomnies & outrages des ioyeusetez, & changer en coups d'espee des piqueures de mousche, n'est-ce pas donner de grands noms à de petites choses, & blasmer de dessein malicieux ce qui n'est auancé que par gentillesse d'esprit, & par galanterie rendre vn homme criminel de leze-Majesté diuine & humaine, n'est-ce pas l'exposer à la haine publique & le despeindre comme vn monstre dont la rencontre est detestable & la conuersation dangereuse. Faut il que la passion transporte iusque-là que si celuy que nous n'aimons pas est boiteux il soit encore bossu, & s'il a la iambe mal faitte il ait tout le corps mal basti. A n'en mentir point vostre Philarque dont la condition est vn estat de parfaicte douceur ne se lauera iamais de cette tache, d'auoir par vn zele immoderé & par vn excez de charité passé les bornes de la charité & violé les regles de la correction fraternelle marquees en l'Euangile. Et comme ayant quelquefois veu Narcisse ie puis asseurer en tesmoin oculaire que sa seule frequentation est vne refutation des reproches de Philarque, principalement de sa premiere partie où ie croy qu'il a parlé auecque plus de licence qu'il n'eust fait s'il eust crû que le masque eust dû se leuer si tost & son vray nom courir si promptemét par la bouche des hommes. Aussi dans la seconde est il beaucoup plus moderé & tellement changé que sans la conformité du stile on le prendroit pour vn autre. En quoy certes il a autant fait cognoistre la souppleſſe de ſon eſprit que la bonté de ſon ame que ie croy eſtre comme vne blanche colombe, exempte de rancune & de fiel. Et il faut penſer qu'en celle-là il a contrainct ſon humeur pour paroiſtre plus en colere qu'il n'eſtoit, en cette-cy il s'eſt remis en ſon temperament ordinaire qui eſt doux & amiable. A raiſon dequoy il proteſte dans la premiere Lettre qu'il n'en veut point à la perſonne de Narciſſe qu'il eſt preſt d'embraſſer, ny à ſa vie, ny à ſa fortune, mais qu'il attaque ce qu'il a trouué de vicieux & de reprehenſible dans ſes eſcrits ſans autre mouuement que celuy de la charité, dont l'ardeur chaſſe le mal, ſoit en nous meſme, ſoit en autruy, en quelque lieu quelle le rencontre. Au reſte ne reſpirant que paix ſans aucun deſſein d'offencer perſonne. Et en la derniere Lettre de cette meſme Partie il refait la meſme proteſtation ſe disant seruiteur de tout le monde & mesme de ses plus grands ennemis. Conclusion vraiment Chrestienne & sentiment Religieux digne de la Pieté d'vn si excellent personnage. Nectare ayant fait alte en ce lieu & arresté le cours de ce doux Nectar qui couloit de sa bouche. Prudence desira encore vne fois paroistre sur les rangs, & la mesme bien-seance qui l'auoit fait taire luy dicta qu'il estoit teps de parler & de faire part de quelques raisons à l'assemblee. Il estoit des partisans de Philarque comme vous auez veu & il en continua la deffence non plus contre les accusations de Sceuole à qui Victor auoit amplement satisfait, mais contre ceux qui s'estoient esleuez contre luy, dont les principaux estoient le S. D. L. M. & celui à qui la Pallas armee à peut-estre acquis le nom de Paladin. A ce dernier l'Acates de Philarque escriuant à Palemon semble auoir de telle sorte humé le vent qu'il en ait perdu la parole, & luy auoir fermé la bouche sans luy donner vn chapeau de pourpre. Aussi à la verité s'amuse-t'il à tant de menues remarques qu'on peut dire de luy ce mot du grand Psalmiste, ses playes sont legeres comme celles que feroient les traits lancez de la main d'vn enfant. Ce n'est pas qu'il n'ait fort bonne opinion de son esprit & beaucoup meilleure de sa valeur qu'il despeint dans son second discours d'Aristarque (ainsi se nomme t'il) à Calidoxe auecque des couleurs qui ont de l'air de Roman, encore qu'il asseure que cette Histoire n'est pas vne Fable. Mais en son premier discours addressé à Nicandre il faut auoüer que s'estant proposé de combatre tout à la fois deux grands ennemis, il se desmesle du principal auecque si peu dauantage qu'il semble que l'autre qu'il n'auoit touché qu'en passant pouuoit bien se passer d'exercer vne si violente vengeance que celle qui est descritte en l'Auanture de l'Isle enchantee. Mais c'est à luy de demesler cette querelle auecque Narcisse qui l'attend il y a long temps au pré aux Clercs à couuert neantmoins de tous les mauuais vens, & aupres du Soleil de la nuict & des mauuais iours, à trente iournees de la guerre. Resolu de se battre auecque des espées dont les lames soient non de damas, mais de satin, & des pistolets chargez de prunes de Gennes & de poudre de cypre. De toucher à l'autre qu'il entreprend contre nostre Philarque, ce seroit encherir sur Acates qui renuerse sur sa teste toutes ses correctiós auecque des graces qui eussent fait croire cette piece sortie des mains de Philarque si la colere de ce grand homme s'estendoit sur vn si debile aduersaire.

III. Partie. 269

Mais l'Aigle ne desploye pas son vol pour prendre des mousches, ny le Lyon ses ongles pour deschirer des lapins. Vn aduersaire plus magnifique & plus digne de consideration, c'est à mon auis l'Autheur de la Response à Philarque, qui est le mesme de la Preface des belles Lettres & selon l'opinion de quelques vns de ce genereux ouurage qui porte pour titre la deffaicte du Paladin. Cette Responce est vne piece concertee, ou quoy que l'Escriuain asseure le contraire, on tient que Narcisse à bonne part, bien que non pas telle qu'en l'Apologie que chacun luy attribuë. Car il est aisé à cognoistre à qui a tant soit peu de iugement pour remarquer la difference des stiles, que celui-cy à moins d'affetterie & plus de solidité que celuy des belles Lettres, encore qu'il n'ait pas tant de grace & de netteté. En ce discours fort estudié & qui a esté long temps sous la lime, il semble que l'Autheur ait tasché d'employer tous les preceptes de l'art de bien dire & que son but soit de monstrer en descriant son aduersaire qu'il en entend tous les stratagemes. Il faut auoüer qu'il a beaucoup d'elegance & de pureté en sa diction, & que s'il eust eu aussi bonne cause qu'il a de capacité à en soustenir vne mauuaise il eust pû passer pour personne diserte. Mais comme il arriue assez souuent que les femmes qui ne se contentent pas de leur beauté naturelle & qui la veulent rehausser par l'art & augmenter par le fard, font tout au rebours de ce qu'elles pretendent, & paroissent d'autant moins belles qu'elles se font plus auantageusement parees & polies. Plus cet Autheur a tasché de se mettre en bon equipage & de donner des embellissemens & des enrichissemens à son esprit, plus s'est-il embarrassé imitant le ver à soye qui se file vn tombeau auecque beaucoup de peine. Que si la façon de l'habit à quelque chose d'agreable l'estoffe en est si mauuaise que ces aiencemens en sont moins estimables, ils ont tissu des toiles d'araignees, dit vn Prophete, parlant de ceux qui par de malicieuses inuentions s'efforcent de ternir la reputation des gens de bien. Le respondant fait le mesme trauail, & rempli du venin d'vne excessiue colere sur des torts qu'il s'est imaginé auoir receu de Philarque, il s'est mis à declamer contre la naissance, la vie & les mœurs de ce personnage que tout le monde a en veneration autant pour la pieté de son ame que pour la saincteté de son ministere, salissant la beauté de l'Eloquence de tant d'iniures sordides & indignes de sortir d'vn esprit genereux, que ce libelle de diffamation peut plustost porter le nom de Satyre que d'vn discours iudicieux & conduit selon les regles de la Rethorique. L'ouurage mesme ne respond nullement à son titre veu qu'au lieu de reprendre Philarque de ce qu'il a mis en auant contre la façon d'escrire de Narcisse, il ne touche nullement ce suiet qui est toutesfois le principal, se respandant en des inuectiues outrageuses picqué du ressentiment de quelque offence qu'il pense auoir receuë de luy plustost contre sa qualité que contre sa personne. Nous sçauons de bonne part que quelques amis de Philarque ont essayé de luy persuader de refuter cette Responce qu'vn aigre mouuement plustost qu'vn iuste sentiment a tiré de la plume de son Escriuain, mais soit sa modestie, soit sa patience, soit vn plus digne employ ne luy permettent pas de contester auec vn homme, qui à la façon des femmes irritees n'a pour armes

mes que la langue, & pour raisons que des outrages. Il est à croire neantmoins qu'à la fin Philarque se laissera vaincre à la persuasion de ceux qui se monstrent soigneux de sa reputation, & que sans se contenter du tesmoignage de sa conscience & de ceux qui le cognoissent il fera paroistre au public l'iniustice & la fausseté des accusations de cet aduersaire, qui ne sortira pas de ses mains à si bon conte que la premiere fois, & qui verra changer ses reproches fantastiques en des confusions veritables. Que si ce grand personnage desdaigne de se parer de ces traicts lancez de la main d'vn homme que la passion aueugle, & qui ne l'attaignent nullement, ses merites luy ont acquis la bien-veillance d'assez de gens de bien & capables qui ne laisseront point sa renommee en de si mauuaises mains que celles de ce Panegyriste de Narcisse, & desia quelques vns m'ont asseuré que cette Responce ne seroit point sans replique & que le fer en estoit sur l'enclume, ce qui m'empesche d'entrer plus auant en son examen, vous l'auez leuë & ie m'asseure que les partisans mesmes de Narcisse eussent souhaitté que ce Gentil-homme se fust porté auecque plus de moderation en ce combat & qu'il ne l'eust point fait à outrance. Il a d'ailleurs de fort bonnes parties en l'art d'escrire, & i'entends qu'il a l'esprit traictable & d'vne conuersation fort douce, mais comme les plus beaux yeux sont suiects aux fluctions & aux tayes, les ames les plus tranquiles ont quelquefois des emotions si aigres & si violentes que la lumiere de la raison y est en ces rencontres sinon esteinte, au moins offusquee de telle sorte que comme des taureaux furieux elles frappent sans recognoistre. C'est de ceux-là que le Psalmiste a dit, le feu de la colere s'est abbatu sur eux & ils n'ont plus apperceu le Soleil de la Iustice. Tout ce que ie plains est que ce bel esprit ait employé la beauté de son stile en vne matiere qui ne peut estre qu'odieuse puis qu'elle est diffamante, & qui luy fera peut-estre ouïr ce qu'il ne voudroit pas, puis qu'il a dit ce qu'il ne deuoit point, estant l'ordinaire des Satyres & des discours mesdisans d'attirer sur la teste de leurs Autheurs des mal-heurs & des repentirs, comme c'est le propre du Soleil de faire venir la pluye quand ses rayons sont trop picquans. Mais quoy! comme il n'y a rien de si doux que le miel qui sort de l'abeille, aussi n'y a-t'il point de mouche qui picque si violamment quand elle est irritee, elle laisse son aiguillon dans la playe qu'elle fait & sa vie auecque son aiguillon, comme si elle se sacrifioit à sa propre vengeance, & mesme il n'y a point de liqueur plus ardante que le miel quand il est bouillant. Peut-estre que l'Autheur de cette Responce est de cette humeur, & son stile qui eust esté suaue & plein de douceur en vne matiere agreable s'est tellement aigri & changé en vn suiet tout animé de courroux & de feu qu'il a sans doute auancé beaucoup de choses qu'il voudroit auoir teuës, & engagé sa conscience en des accusations si esloignees d'apparence que mal aisement pourra-t'il estre creu de ceux-là mesme qui n'auront aucune connoissance de son ennemi, & au tribunal de la verité ou les desguisemens & les artifices sont de nouueaux crimes, à peine trouuera-t'il grace s'il ne se resout par vne forte penitence de restituer la splendeur à vne renommee qu'iniustement il a voulu ternir. Ici Prudence termina son propos qu'il auoit conduit la bride à la main & selon les lumieres de cette vertu qui luy donnoit le nom, sa retenuë fut loüee non moins que son iugement qui auoit pû se demesler sans pointure d'vne matiere si espineuse, & passer parmi des aigreurs sans alterer la suauité de son ame comme ce fleuue d'Elide qui trauerse la mer sans rendre ses eaux ameres. Apres vn pourparlé assez court Critobule Maistre de tout ce chœur & qui du seul mouuement de ses yeux sembloit en battre la mesure ayant tourné ses regards vers moi me fit vn signe qui tesmoignoit qu'il me vouloit entendre sur le suiet de cette Conference & que c'estoit à moy de faire vne carriere. Les six champions qui venoient d'enfiler les leurs & qui partisans descouuerts de Narcisse ou de Philarque auoient combattu à camp ouuert me regarderent en mesme temps comme desir reux de sçauoir à quelles de leurs persuasions ie rendrois mon opinion qui iusqu'alors auoit esté indeterminee. Et certes ie me trouuai vn peu surpris parce que n'ayant preparé que mes oreilles pour les remplir de leurs discours, & non ma langue pour occuper leur ouye, me iugeant incapable pour estre entendu parmi tant de beaux esprits & beaucoup plus indigne de rompre le partage de leurs voix, ie m'estois resolu au silence & a redoubler mon attention lors que Critobule balanceroit tous ces diuers suffrages pour en former vn iugement à quoi toute la compagnie s'arresteroit. Ce ne fut donc pas sans difficulté que ie m'embarquay à leur dire mon sentiment sur vn different si agreable, mais pour ne ressembler point aux Musiciens bigearres qui chantent d'autant moins que plus on les prie apres leur auoir tout simplement representé le trouble de mon esprit, & auec combien peu de preparation & mesme de determination ie descendois en cette lice, ie donnay de cette façon ouuerture à mes pensees. N'attendez pas, Messieurs, vn coup asseuré d'vn homme à qui la main varie, si la mire de l'archer n'est fixe & arrestee il n'attaindra iamais au but, & ie suis si peu resolu au suiet dont vous m'obligez de parler deuant vous, & d'ailleurs i'ay si peu de part & de cognoissance en l'art de bien dire que vous ne deuez rien esperer que d'incertain d'vne personne qui n'est pas si temeraire de vouloir ou enseigner ses Maistres ou leur contredire. Ioinct qu'à l'examen que vous auez fait des belles Lettres tant de Narcisse que de Philarque ie ne voi pas qu'on puisse rien adiouster estant assez de prendre parti de costé ou d'autre sans craindre quoi que l'on elise de faire vn mauuais choix. Car à ce que ie puis recueillir de tant de raisons dont vous auez esclairé mon entendement & rempli ma memoire, vous auez balancé auecque tant d'equité l'vne & l'autre cause que mon esprit également partagé est beaucoup moins resolu qu'auparauant, encore qu'il sache qu'il ne peut faire de quelque part qu'il se range, vne mauuaise election. Ie me treuue donc au mesme estat que seroit vn homme qu'on mettroit entre la viande & le breuuage ayant vne faim esgale à sa soif, certes il ne luy resteroit que de mourir de l'vne & de l'autre, car l'vn & l'autre appetit estant esgal, par ou voudriez-vous qu'il commençast, veu que si c'est par le manger il monstrera auoir plus de faim que de soif, & plus de soif que de faim s'il commence par le boire. Mettez vn fer entre deux aimans esgaux en grosseur & en esprits attractifs il ne sera sans doute attiré d'aucun, non certes par le deffaut, mais par l'abondance de l'attraction, faittes qu'vn vaisseau soit en mesme temps sur la mer battu de deux vents contraires à quel port voulez vous qu'il se rende. Voyez-vous là quelques figures de la suspension de mon esprit. Certes si en cette guerre litteraire vous me pressiez de vous dire de quel parti ie suis, i'aurois bien de la peine à vous respondre, tant ie voi en l'vn & en l'autre de force & de raison, tant de beautez me paroissent dans les Lettres de Narcisse que i'en suis raui, & i'apperçoi tant de verité dans celles de Philarque que ses reprehensions me semblent equitables. Et si ie pouuois trouuer le secret de mettre bien ensemble ces deux ennemis, il me semble que i'en aurois beaucoup de satisfaction en mon ame. Mais quand ie considere que pour grauer, tailler ou polir vn diamant il en faut mettre vn autre en poudre & que les corrections de Philarque ne peuuent compatir auecque les graces dont les escrits de Narcisse charment mes yeux, ie desespere de pouuoir accorder ces deux esprits qui ne semblent pas moins opposez que les elemens contraires. Et en cette difficulté il me semble que ie conçoi vn desplaisir qui a quelque chose de pareil aux douleurs de cette femme qui ressentoit dans ses entrailles le debat de ces deux iumeaux qui commencerent leur antipathie des le ventre de leur mere & là continuerent durant leur vie. Toutefois nous emprunterons la prudence de Iacob qui mesnagea si sagement sa conduitte entre Lia & Rachel qu'aymant celle-ci pour sa beauté, il cherit encore l'autre pour sa fecondité qui n'estoit pas moins estimable. Aussi faisans nostre profit de ce qu'il a de bon & de fleurissant aux Lettres de Narcisse, & tirans instruction des auertissemens & preceptes de Philarque pour euiter les escueils des deffauts qu'il a remarquez sur cette mer polie, nous esperons manger de cette façon le beurre & le miel du Prophete qui font eslire le bien & reietter le mal dont nous voyons la meslange presque en toutes les choses de l'art & de la nature. Il m'est auis que ie me trouue en cette rencontre au chemin fourchu qui fut monstré à Hercule, & que d'vn costé ie voy vn sentier tout semé de roses (c'est la route de Narcisse) qui aboutit en quelques imperfections, & vn autre tout couuert des espines de plusieurs regles de difficile pratique, mais qui se termine dans les roses d'vne parfaitte Eloquence & c'est ou meine Philarque, & la dessus peut-estre vous imaginerez vous que ie concluds des-ja en faueur de cellui-ci, mais ie croy quand vous m'aurez dauantage entendu que vous recognoistrez que les reprehensions de l'vn ne me leuent pas la bonne opinion que i'ay conceuë de l'autre, & que ces deux rares esprits me sont en vne esgale veneration. Cette belle Phriné funeste flambeau de la ieunesse grecque ne parust pas plustost deuant les yeux de ses iuges auecque tous les ornemens qu'vn long arc pouuoit apporter à sa naturelle beauté que ceux qui estoient resolus à son bannissement se rangerent du costé de sa conseruation, receuant des loüanges des mesmes bouches d'où deuoit sortir sa condamnation. Apres auoir leu Philarque bien que l'on soit comme preparé & disposé à celle de Narcisse, si on se donne le loisir de reuoir ces douces & nobles façons de s'exprimer qui ont tiré de l'admiration de la langue mesme de l'enuie, il est mal aisé de ne reuocquer cette sinistre opinion, & quoy que les raisons du reprenant semblent & soient en effect extremement fortes, la pureté de ce stile maiestueux est si rauissante qu'il faut renoncer à l'humanité pour reietter vn si agreable entretien. Peut-estre dira-t'on que c'est en cela que paroist la piperie de l'art, mais que ces plaisantes illusions estans esuanouies & le fart tombé les deffauts s'y voyent clairement & ne peuuent estre supportez que par ceux qui se plaisent en cette tromperie. Mais qui ne sçait que c'est le propre des arts de charmer doucement les les esprits & que leur piperie est non seulement delectable mais estimable. N'est-ce pas ainsi que la Musique rauit nos esprits par les accorts de ses tons & par ses diuerses sortes d'harmonie. N'est-ce pas ainsi que la peinture nous decrit par ses lignes ses couleurs & ses ombres & ces tableaux ne sont ils pas les plus prisez qui trompent dauantage nos yeux. En combien de façós la perspectiue & l'art de faire des miroirs trompent-ils nostre veuë, quoy que l'on die il en est ainsi de l'Eloquence, elle meine les esprits où elle veut par la souppleffe de ses artifices. C'est ce qu'auoit fait Narcisse surprenant tous les esprits de la Cour par la gentillesse de ses inuentions, la subtilité de ses rencontres, la pointe de ses ioyeusetez, la rareté de ses descriptions, la nouueauté de ses pensees, le iudicieux arrangement de ses parolles, la nombreuse cadence de ses periodes & la pureté de ses termes, s'estant rendu les delices & les admirations de tous ceux qui le lisoient, & si Philarque ne fust suruenu & ne luy eust raui cette palme des mains il alloit sans doute par l'applaudissement du theatre du monde remporter la couronne de cette royauté du bien-dire où il aspiroit. Mais comme il arriue souuent par mal-heur que les bons coureurs tombent auprès du but donnant loisir aux autres durant leur cheute non de les atteindre seulement, mais de les deuancer. Le semblable est auenu à ce bel esprit qui croyant sans contredit auoir atteint au blanc où tant d'autres auoient visé deuant luy s'en voit escarté par Philarque & par de si puissantes raisons que s'il ne les renuerse par vne plus puissante Responce, il donnera suiet à plusieurs de se reuolter de son Empire d'abandonner son parti & de tenir pour ridicules des façons de parler qu'auparauant ils auoient admirees. Ie di plusieurs, & non pas tous: car quoy que face Philarque il n'est pas en sa puissance de passer l'esponge sur toutes les Lettres de Narcisse,

& quelques deffauts qu'il y remarque il y reste tousiours assez de graces pour luy donner vn grand nombre de sectaires & d'admirateurs, ou d'imitateurs. Et les partisans de Philarque mesme quoy qu'ils ayent iuré en ses parolles & embrassé comme à prix fait le mespris & le rebut des belles Lettres de Narcisse oseroient-ils sans vne temerité manifeste comparer son stile & la netteté de sa diction, à la façon d'escrire de celuy qu'il reprend. A-t'il les mots friands & choisis, & le stile poli & lissé comme Narcisse, il ressemble à la lime qui esclaircit le fer estant elle mesme rude & mordante. On dira là-dessus que Philarque ne pretend pas aussi à la Couronne de l'Eloquence se contentant de l'oster à Narcisse & de faire voir qu'il n'est pas ce qu'il pense estre. Mais ce n'est pas le langage de ses partisans qui le mettent en la place de l'autre & qui nous
le

le donnent pour vn parfait modele de bon ftile. Et quoy qu'ils voyent affez que fes periodes n'ont, ny les nombres, ny les cadences, qui rendent comme harmonieux les efcrits de Narciffe & qu'il employe en fon difcours des termes affez fermes & des dictions affez fignifiantes, mais auffi qui ont de la rudeffe, ils ne laiffent pas de l'efleuer au mefme point d'où il veut tirer Narciffe, fi c'eft par raifon, ou par paffion, c'eft ce que ie ne decide pas. Ma penfee embraffe l'vn & l'autre, & nonobftant leurs contrarietez ie les trouue tous deux excellens en leur maniere d'efcrire. Et c'eft auecque peine que ie voy fur leur different les efprits qui y prennent part fe porter à des extremitez fafcheufes & qui me femblent defraifonnables, ny ie ne puis donner les mains aux attaques de Prudence contre Narciffe, ny aux recriminations de

Sceuole contre Philarque, puisque ny l'vn ny l'autre ne me semble auoir ces quatre deffauts dont ils sont accusez. Non certes la flatterie puisque Narcisse estant blasmé mesme par Φ Φ (son aduersaire incomparablement plus sanglant que Philarque, & qui en vne seule Lettre luy a dit plus d'outrages & fait des reproches plus horribles que l'autre en ses deux Volumes) de faire le compagnon auecque les plus grands de l'Eglise & de l'Estat, ne peut en suitte estre dit les flatter puisque le flatteur parle tousiours en complaisant & en esclaue, & puisque Philarque estant accusé d'auoir parlé de quelques Prelats auecque moins de respect, est iugé par la bouche mesme de ses accusateurs pour homme mal entendu aux caiolleries du monde. Que si l'on repart que l'vn & l'autre loüent de grands personnages, non seulement auec éclat, mais encore auec excez, il faudra donc à ce conte appeler flatteurs tous les Panegyristes, & fermer la bouche à tous ceux qui voudront rendre à la vertu & à ceux qui la possedent de iustes & meritees loüanges. Iniustice manifeste & qui osteroit aux vertueux la plus douce & la plus honneste recompense qu'ils puissent esperer de leurs glorieuses actions. Que si l'vn & l'autre auancét des loüanges qui peuuent reflechir & comme reiallir sur eux mesmes, il me semble qu'il ne faut pas aussi-tost crier à la vanterie, parce qu'encore qu'il y ait quelque sorte de messeance à loüer le bien que l'on fait selon le dire du Sage, que la langue d'vn autre te loüe, & non la tienne, si est-ce qu'il est tousiours permis de faire estat de la vertu en quelque part qu'elle se rencontre, fust-ce en nostre ennemi, fust-ce en nous mesme. A raison dequoy le Psalmiste se voyant exposé à la calomnie de ses enuieux prioit Dieu qu'il ne permit pas que ses iustes loüanges fussent enseuelies dans le silence. Et qui ne void tous les iours que le Soleil qui illumine tout s'esclaire encore luy mesme & n'est veu que par sa propre lumiere. Ce n'est pas seulement au sçauant, mais encore au vertueux à qui le Sage conseille de boire de l'eau de sa citerne en estimant en soy les graces que Dieu y a mises; car de les mescognoistre c'est plustost vn traict d ingratitude qu'vne action d humilité. Et d'effect en combien de lieux le Prophete Roy fait-il estat tantost de sa valeur, tantost de sa mansuetude, tantost des autres bonnes qualitez que Dieu auoit mises en son ame. Et S. Paul mesme en magnifiant son ministere ne presche-t'il pas ses propres merites, tousiours neantmoins auecque ce temperament, non pas moi, mais la grace de Dieu auecque moi. Et parce que l'on tient que cette loüange propre est vn vice en l'Orateur parfaict, combien de parfaicts Orateurs des siecles passez ont-ils dit de traicts à leur auantage sans diminuer pour cela cette perfection d'Eloquence où ils estoient esleuez. Et puis aux Autheurs dont ie parle il y a des contrepoids qui raualent ce que l'on pense qu'ils ayent dit d'eux mesmes trop auantageusement, & qui voudra mettre d'vn costé les humbles sentimens que Narcisse & Philarque tesmoignent d'eux-mesmes en diuers endroicts les trouuera suffisans pour mettre en egale balence les traicts de leur estime propre qui semblent trop hardis & auoir quelque air de vanité. Il est vray qu'ils ont des ioyeusetez, mais qui les peut trouuer mauuaises sinon quelque melancolique à qui son ombre propre donne du chagrin.

T iij

Certes quand les faceties sont douces & innocentes elles me semblent plustost loüables que reprehensibles, & deuoir estre rangees sous cette vertu que l'on appele bonne & agreable conuersation. Comme elles sont le sel de la vie selon le mot que les Latins leur donnent, elles sont aussi le plus gracieux assaisonnement qu'on puisse donner à vn discours qui sans cela paroist fade & sans goust. Quant aux Hyperboles ie les tiens de pareille nature puis qu'elles ne sont autre chose que de ioyeuses pensees exprimees par vne façon vn peu extrauagante & esloignee du train commun. Au reste ie ne serois pas tout a fait de l'auis de ceux qui les rangent en des bornes estroittes, & qui pour garder ie ne sçay quelle proportion & bienseance perdent la beauté d'vne figure dont la grace semble consister en l'excez, excez qui ne peut-estre blasmé pour eſtre ridicule, puiſque toute ioyeuſeté tend naturellement à exciter le ris, qualité plus particuliere à l'homme que celle de pleurer. Que ſi quelques-vns ont repris Narciſſe de ce qu'il marche lentement en beſongne, & de ce qu'il eſt long temps à ſe conſulter auant que de produire ſes penſees. Et les autres ont blaſmé Philarque de ce qu'il écloſt trop ſoudainement les ſiennes, ce qui les rend moins accomplies qu'ils ſachent que l'vn & l'autre de ces naturels eſt fort bon puiſque Dieu a bien fait toutes choſes, & tant s'en faut qu'ils doiuent eſtre blaſmez, qu'au rebours l'vn doit eſtre loüé de iugement, & l'autre de viuacité d'eſprit, & tous deux doiuent eſtre eſtimez en leur eſpece. Le ciel de Saturne tient ſa partie en l'harmonie celeſte auecque ſon tardif mouuement; auſſi bien que le premier mobile auecque ſon incroyable vistesse. Le Soleil est long temps à produire l'or dans les entrailles de la terre, mais aussi c'est le Roy des metaux. Et la palme cette glorieuse plante est cent ans à croistre auant que de donner des fruicts. L'Elephant est long à mettre son petit au iour, mais c'est aussi le plus fort de tous les animaux. Dieu mesme est long à faire sentir les effects de sa Iustice, mais il repare cette longueur par la pesanteur de la peine. Les Poëtes qui sont long temps à enfanter leurs vers ne sont pas moins loüables que ceux qui les tracent auecque plus de facilité & de promptitude, car s'ils sont bien faicts on ne demande pas combien on a esté de temps à les faire, mais on admire leur excellence. Vn Ancien Peintre repris de ne pouuoir retirer sa main de dessus la toile, & d'estre extremement long à façonner ses ouurages, aussi respondit-il, c'est pour l'eternité que ie peints. Et cet autre qui mettoit touſiours aux bas de ſes tableaux, vn tel faiſoit cecy, donnoit à cognoiſtre que s'il euſt trauaillé plus long temps & auecque plus de loiſir il euſt donné plus de perfection à ſa peinture. Pour l'ordinaire ce qui eſt toſt fait eſt toſt deffaict, & les vaſes aiſez à remplir ſe vuident facilement. Les eſprits qui ſelon le conſeil de Ceſar ſe haſtent tout bellement font preſque touſiours des pieces iudicieuſes & de longue duree, ce n'eſt pas auſſi que les prompts n'ayent leurs auantages & qu'ils ne ſoient loüables comme l'aigle de la force & de la viuacité de leur vol. La Mirrhe premiere ie veux dire celle qui ſort de l'arbre par forme de ſueur & de tranſpiration eſt beaucoup plus precieuſe que celle qui vient par force & par inciſion. C'eſt donc par là que i'eſtime ces deux beaux eſprits par ou ceux qui les contrarient prennent suiet de les blasmer. Ce n'est pas que ie veille donner à l'vn ny à l'autre le nom d'Orateur accompli, quand bien mesme ils nous donneroient des pieces recitables si eux-mesmes ne les ont recitees. Car en cela ie suis de l'opinion de Prudence qui a prudemment remarqué ce titre ne pouuoir estre iustement attribué à ceux qui n'escriuent que des Lettres. Et quoy que Narcisse ou l'Escriuain de l'Apologie se soit efforcé de monstrer par vn grand catalogue d'Autheurs fameux en l'art de bien dire qui ont consigné leurs pensees & leurs belles parolles à la posterité sous ce genre d'escrire, qu'il est capable de receuoir tous les traicts de la parfaicte Eloquence. Il ne faut que se tenir ferme aux noms d'Orateur & d'Eloquent pour voir esuanouïr toutes les raisons & les exemples de l'Apologiste. Les discours soient recitez soient escrits sont de differentes manieres, & parmi ces diuerses façons celle qui se nomme Oraison a donné le nom à l'Orateur. Or i'en voy de trois sortes, (outre ces trois genres ou reduisent les rheteurs toutes les pieces de leur art) les Harangues qui se font, ou deuant les grands, ou dans les conseils, ou dans les assemblees; Les Plaidoyez qui se font au barreau, & les Sermons qui se font dans les chaires des Predicateurs. Si vn homme ne parle en public en quelqu'vne de ces trois manieres ie ne puis le nommer Eloquent ny Orateur sinon improprement. Car si le mot d'Eloquent qui vient de l'elocution ou parole signifie vn homme qui parle, comment voulez-vous que ie l'attribue à vn homme qui n'a qu'vne plume au lieu de langue, & qui sur vn papier me parle vn langage muet

& destitué de l'ame d'vn discours qui est l'organe de la parolle & le ton de la voix. A raison dequoy vn Ancien voyant des personnes qui admiroient en la lisant vne des Oraisons d'Æschines, qu'eussiez-vous fait, leur dit-il, si vous l'eussiez ouy tonner lors qu'il la recitoit. Et le plus fameux Orateur d'entre les Grecqs Demosthene qui mettoit toute la perfection de son art en l'action, à vostre auis eust-il donné la qualité d'Eloquent & d'Orateur à celuy qui n'eust eu autre faculté que celle d'escrire. Et ceux-là mesme qui se meslent d'escrire auec elegance ne sont ils pas contraincts pour arrondir & aiuster leurs periodes de les reciter quelquefois, & de consulter leurs propres oreilles sur le son des mots & le ton des cadences. Certes si ces faiseurs de Lettres dont l'Apologiste fait vne longue enfileure n'eussent iamais escrit qu'en ce genre ils n'eussent iamais emporté les noms, ny d'Orateurs, ny d'Eloquens, mais d'autant que plusieurs notamment Ciceron & Isocrate ont outre les Lettres fait des actions publiques qui se sont depuis conseruees à la posterité par le moyen de l'escriture, ils ont eu iustement ces qualitez pour auoir recité & animé de leur action ces belles pieces que nous auons d'eux, & qui sont mortes sur le papier. Et ie vous prie de quelle sorte peut-on appliquer à vn Escriuain, fust-il encore plus disert & poli que ne sont & Narcisse & Philarque, cette commune definition de l'Orateur qui l'appele vn homme de bien qui sçait bien dire. S'il ne parle, s'il ne dit, s'il ne se fait ouïr, pourra-t'il sinon improprement pretendre à la gloire de l'Eloquence puisque ce sont les seuls discours animez de la voix, &

non les escrits qui la font meriter. Et ceux là mesme dont nous auons les Oraisons escrittes ne l'eussent iamais acquise si l'Histoire ne nous apprenoient qu'ils s'estoient encore rendus plus admirables en l'action & en la prononciation qu'en l'Elegance de l'elocution, dont nous auons les termes dans l'Escriture. Celuy qui ne s'exprime que par sa plume peut bien meriter le nom d'Elegant, non d'Eloquent, ny mesme celuy d'Orateur quand il nous donneroit vne Oraison escritte auecque tous ses membres & toutes ses parties s'il n'a le don de la reciter auec autant de force que de grace. Que si le nom d'Eloquence a esté donné à quelques Escriuains qui n'auoient, ny la science de la voix pour paroistre dans les chaires, ny la faculté de parler dans les barreaux, ny de faire des Harangues, c'est auec abus, ou d'vne façon impropre, veu que l'Eloquence accomplie comprend deux choses, l'Elegance qui consiste aux ornemens du langage soit au choix des mots, soit en leur arrangement, soit en la forme des periodes, soit en la liaison des raisons, & des parties, & l'action qui est occupee autour des gestes du corps & de la prononciation. Que si celuy qui escrit à quelque part à cette premiere il n'en a aucune en cette seconde, ou est pourtant la principale gloire & force de l'Orateur qui aspire au titre d'Eloquent. A quel propos donc faire aspirer vn Escriuain à ce genre d'Eloquence sublime & releué à ce genre de discours qu'on attribuë à Vlysse remply de torrens, de tempestes, & d'orages, qui entraine les esprits où il veut qui surprend leur raison, & ne leur donne pas le loisir de consulter quel parti ils doiuent prendre, qui emporte les multitudes, qui fait les esmotions & les accoise, qui regne souuerainement sur les cœurs & dans les assemblees. Certes ces mouuemens transportans se peuuent aussi peu rencontrer en vn papier muet, que la parolle en la peinture de la plus excellente beauté du monde. Que cet escrit ait vne abondance de parolles, des pensees aussi esleuees, des periodes autant iustes, des nombres aussi reglez, des artifices aussi subtils, & des figures aussi frequentes qu'il vous plaira s'il n'est animé du recit, & de cette vigueur cachee dans la viue voix vertu qui s'appele energie on n'en verra sortir non plus d'effects que de mouuemens d'vn corps separé de son ame. C'est donc abusiuement qu'on attribuë le nom d'Eloquens à tous les Escriuains, soit d'Histoire, de Poësie, de Philosophie, ou de quelqu'autre matiere que ce soit, encore qu'ils soient fort Elegans

par

par la liberté de cette figure qui prend vne partie pour le tout, veu que des deux parties de l'Eloquence c'eſt la moindre, & l'action ſa compagne eſt telle que Demoſthene luy a autrefois donné tout l'honneur du bien dire. C'eſt donc aux ſeuls Harangueurs, & à ceux qui parlent dans les barreaux ou dans les chaires, que ce titre appartient quand ils ſont eminens en leur profeſſion & à faire de beaux diſcours. Et ſi Philarque a quelquefois paru ſur ces theatres d'honneur c'eſt à luy de nous en faire voir les actions s'il pretend à la gloire de l'Eloquence, mais c'eſt à quoy il ne penſe pas & beaucoup moins d'y arriuer par ſes Lettres où il ſe contente de donner les preceptes de la vraye Eloquence en deſtruiſant la mauuaiſe qu'il dit eſtre en ſon aduerſaire. Imitant en cela les ſages femmes qui aident aux autres à mettre des enfans

V

au monde encore qu'elles soient steriles. Mais c'est à Narcisse que son Apologiste appele pour vne liasse de Lettres le Dieu de l'Eloquence, & son Paranimphe Espagnol l'Vnique Eloquent, & vn autre Roy des beaux esprits, & ce braue Poëte Dieu d'Eloquence & de sçauoir, c'est dif-ie à luy à nous faire voir quelque autre chose que ses Lettres s'il veut couronner sa teste de tant de lauriers. C'est à luy à faire des Harangues accomplies, ou deuant les grands, ou dans les conseils, ou dans les assemblees des peuples, & quand ie di faire i'entends de les prononcer aussi bien que les composer, sans nous dire que c'est la faute de la fortune s'il n'est employé en de si éclattantes occasions, & qu'en ostant de ces Lettres le Monsieur, & vostre tres humble seruiteur, ce sont autant de Harangues & de discours d'Estat. Car apres tout l'action est la pierre de touche du vray & parfaict Orateur. C'est à luy à paroistre dans les barreaux ou dans les chaires, lieux ouuerts à tout le monde, & que la fortune mesme toute ennemie qu'elle est de la vertu ne peut fermer à tous les bons esprits, & c'est là ou apres auoir fait des discours limez & polis & selon tous les preceptes de l'art il peut en les prononçant nous faire cognoistre ces diuins transports & ces miraculeux mouuemens qu'on attribuë à la parfaitte Eloquence. Mais quand il auroit fait ce PRINCE qui doit efforcer la gloire de tous les autres, & cette excellente solitude où il entrera plus de pieces que dans la Republique de Platon, & ce iugement des viuans & des morts qui doit estre si terrible & plus exquis que celuy de Michel-Ange. Et quand mesme cette admirable Histoire qu'il appelle son grand ouurage nous raconteroit les plus remarquables actions qui se soient passees depuis le siege de Troye iusques à celuy de la Rochelle; bref quand il auroit fait autant de liures qu'il en promet s'il ne parle nous ne luy donnerons iamais la qualité d'Eloquent Orateur puisque ces deux mots qui signifient les perfections d'vne langue bien penduë ne peuuent estre qu'improprement appliquez à vne plume pour bien taillee qu'elle puisse estre. Que s'il fait des Histoires auecque ce stile elegant que tous ceux qui ne sont point partisans de Philarque estiment en luy, nous le nommerons Elegant Historien. Si des traittez nous l'appellerons Elegant Escriuain, si encore des Lettres le titre d'Elegant Secretaire luy sera iustement deu. Mais nous reseruerons à son action, à sa voix, & à sa parolle, celuy d'Eloquent & d'Orateur quand nous l'aurons veu parlant, selon le sens de Socrate qui disoit à son disciple parle affin que ie te voye. Cependant nous honnorerons les stiles de ces deux excellentes plumes de Narcisse & de Philarque, nous les loüerons, nous les imiterons, & en ce que nous ne les pourrons imiter nous les admirerons, nous tiendrons pour accompli en celuy-là ce qui n'a point passé par la censure de celui ci, que si par de bonnes raisons il renuerse les reprehensions de son censeur (ce que tout le monde attend de luy auec impatience) sans doute il restablira ses Lettres en vn plus haut degré de gloire qu'elles ne furent iamais, & elles seront proposees pour modele à ceux qui se voudront exercer en ce genre d'escrire, & Philarque mesme contribuant à sa loüange sera bien aisé d'apprendre de luy d'autres secrets en l'art de bien parler que ceux qu'il a remarquez dans les Anciens, & de voir l'or & les pierreries du nouueau monde de l'Eloquence, & les nouuelles estoiles que Narcisse aura descouuertes au ciel du bien dire. Et la France luy aura vne immortelle obligation d'auoir esleué sa langue au dessus de la Grecque & de la Romaine, & de l'auoir enrichie de tant de lumieres & de tant de nobles & illustres façons de s'exprimer inconnuës aux siecles precedens. Ayant ainsi acheué mon discours dans la mesme suspension d'esprit qui luy auoit donné le commencement, & sans auoir fait connoistre de quel costé panchoit mon inclination, l'vn ne me semblant pas moins iudicieux en ses censures, que l'autre agreable en la polisseure & elegance de ses escrits, il s'esleua vn doux murmure parmi la compagnie ; les vns & les autres quoi que discordans en leurs suffrages & partagez en leurs opinions tombans d'accord en ce point qu'il falloit que ie iettasse ma balotte de quelqu'vn des costez sans demeurer ainsi neutre & dans l'ambiguité. Des-ja i'estois sur le point d'estre condamné à me determiner, & quoy que ie rusasse par mes excuses comme vn cerf mal mené, ie croy qu'ils m'eussent reduit aux abbois, & selon le Prouerbe Ancien, fait prendre le conseil sur le grauier si Critobule ne fust venu à mon secours & n'eust comme vn Neptune ramené le calme à ces flots esmeus par le trident de son authorité qui estoit extremement respectee par toute la troupe. Quand on apperceut qu'il vouloit parler le silence fut par toutes les bouches, & les oreilles attachees à la sienne comme par les liens de l'Hercule Gaulois, attendoient l'Oracle de son iugement sur vn different si agreable. Il me faudroit recommencer vn nouueau trauail pour vous dire auec combien de facilité & de fertilité il remania & remit sur l'enclume les principales & plus fortes raisons qui auoient esté apportees de part & d'autre, pour & contre Narcisse & Philarque, il ne rendit pas moins admirable en ce rapport la fecondité de sa memoire, que la maturité de sa consideration. Mais quand à ces raisons il en adiousta d'autres de son crû non moins agreables que indicieuses, & les exprima en termes florissans & diserts, il ne fit pas moins paroistre l'abondance de son esprit que la cognoissance qu'il auoit à bien choisir & arranger des parolles, & à les prononcer de bonne grace. La douceur & la maiesté regnoient esgalement sur son front, en son port, en ses gestes, en sa voix, sur ses leures & sur sa langue, & en parlant du vray Orateur vous eussiez dit qu'il faisoit vn portraict de soy-mesme. Apres donc auoir long temps balancé les opinions contraires, & auecque tant d'egalité qu'il estoit impossible de deuiner de quel costé il se rangeroit taschant par cette industrie de reünir doucement ces esprits diuisez en leurs iugemens, & qui s'estoient portez iusques aux extremitez du blasme & de la loüange, lors qu'on pensoit qu'il deust donner le contrepoids & attirer à son parti celuy qui y eust esté contraire, & les partisans, & moy plus que tous, fusmes bien estonnez de le voir terminer ce different dans l'indetermination & sans resolution, le conclurre de la sorte. Il n'en est pas, Messieurs, de ces Conferences Academiques, comme des Arrests qui se rendent par les compagnies qui ont en main les resnes de la Iustice, en celles-cy on oblige les particuliers qui s'escartent en des opinions singulieres & qui n'ont point de suitte de se ranger à l'vne de celles qui ont plus de voix, & qui peuuent former vn iugement ou vn partage. Mais en ces reduits amiables, en ces entretiens & deuis studieux qui se font entre amis sur des suiets agreables & pour l'ordinaire indifferens, quand autant de testes auroient autant d'opinions diuerses cela importe peu, au contraire cela peut seruir pour rendre la conuersation plus delicieuse par cette grande varieté de pensees. Que chacun donc abonde en son sens tant qu'il voudra, que chacun demeure en la liberté de son suffrage sans exercer cette rigueur sur son esprit, de luy faire donner les mains à vn auis qui ne luy plaira pas, nous ne sommes pas ici au lieu où les voix se nombrent, mais où les sentences se pesent, ici le poids n'est pas en la pluralité, mais en la bonté & solidité du iugement, la cause victorieuse de Cesar fut agreable aux Dieux, dit ce Poëte Ancien, mais le parti vaincu fust plus agreable à Caton, il aima mieux estre meurtrier de soy-mesme que de suruiure à la seruitude de sa patrie. Que Coronat, Prudence, & Victor soient partisans de Philarque tant qu'il leur plaira, & contraires à la reputation de Narcisse, à la bonne heure que Florent, Sceuole & Nectare esleuent Narcisse iusques au ciel, & se moquent des corrections & du stile de Philarque, pour moy ne leur en desplaise ie ne veux point me lancer dans les extremitez, mais me rangeant dans vn temperament esgal, i'imiteray l'abeille qui fait son miel des fleurs douces & ameres, & de tant de sucs differans compose vn rayon qui est vniquement sauoureux. Ie voy tant de beautez & de gentillesses dans les escrits de Narcisse, que quoy que die Philarque pour leur oster le credit & les descrier entierement ie ne puis m'en seûrer, & si apres sept editions ces belles Lettres sont encores fraisches, & si apres les auoir leuës plusieurs fois on y descouure tous les iours des graces nouuelles, pourquoy nous priuerons-nous de l'innocent plaisir de cette lecture pour l'opinion contraire d'vn homme qui a bien trouué dequoy reprendre, mais qui n'a pas pourtant mieux escrit que celuy qu'il reprend. D'autre costé ie trouue tant & de si fortes raisons dans les Lettres de Philarque qu'il me semble qu'en appliquant ses corrections aux Oeuures de Narcisse, & euitant les imperfections qu'il y a remarquees du stile de l'vn & des obseruations de l'autre il y a dequoy former vn bon Escriuain. Il me semble que ie voy en ces deux differens Ouurages les deux tableaux que fit Appelles, l'vn selon les Iugemens du peuple, l'autre selon les preceptes de son art, car il faut auoüer que Narcisse a tellement escrit selon le goust de la plus grande part du monde qu'il est mal aisé de luy rauir tout à fait cette gloire qui luy est deuë auec vne iuste moderation, & Philarque a si bien reüssi selon l'opinion de ceux qui s'entendent en l'art qu'il semble que desormais on ait à apprendre de luy les regles de la Rethorique appliquee à l'vsage de nostre langue. Ces deux beaux esprits ont donc fait selon ma creance le mesme que Dauid & Salomon, en la Fabrique du Temple. Dauid amassa les materiaux, & son fils les mit en œuure. Narcisse a fait l'amas des belles parolles & des bons termes, mais Philarque enseigne l'induſtrie de les bien renger, & d'en former vn diſcours elegant & iudicieux & conduit ſelon les enſeignemens des Maiſtres. Ce qui a fait dire à quelques-vns que le ſtile de Narciſſe corrigé ſelon les regles de Philarque ſe pourroit dire accompli, ſans pour cela faire paſſer l'vn pour diſciple, & l'autre pour Maiſtre: car il faut auoüer que l'Autheur des belles Lettres a de ſi grands auantages pour la politeſſe des parolles ſur ſon Correcteur que de ce coſté là, comme il n'y a celui qui n'aimaſt mieux eſtre Ronſard que Dorat, S. Thomas qu'Albert le Grand, Alexandre qu'Ariſtote, & Achille qu'Homere, plus de gens choiſiront pluſtoſt la lecture de Narciſſe que celle de Philarque. Il eſt vray que comme en la preſence du diament le fer ne va point à l'aymant, ceux qui ſont tout a fait attachez aux ſentimens de Philarque n'iront pas si volontiers au parti de Narcisse, mais ie parle de ceux qui n'estans point preoccupez d'aucune impression se sont maintenus en la liberté d'aller vers ce qui leur aggreé. De ceux-là il n'y en a aucun qui au fait de la pomme d'or ne la donne à Narcisse pour la beauté de ses escrits, ou d'ailleurs si Philarque a descouuert des taches, il se faut souuenir que la Lune en a d'apparentes, & que de nos iours auecque des instrumens de Mathematique on en a remarqué dans le visage du Soleil. Mais comme ie ne puis me ranger du costé de ceux qui esleuans Narcisse au dessus de toutes les choses humaines luy donnent des loüanges excessiues, & qui ne sont deuës qu'à vne diuinité, aussi me retirai-je du parti de ceux qui encherissant sur Philarque luy attribuent tant de deffauts, & en ses escrits, & en sa personne, & en sa vie, qu'ils le representent comme vn monstre, & en ses ouurages, en ses parolles, en ses actions & mesme en ses pensees, non ie ne puis approuuer ces transports, en l'vn c'est trop aimer, en l'autre c'est trop hair, la mediocrité est bonne en tout principalement ici, ou sous le pretexte d'vn exercice studieux il est à craindre que la colere ne iouë son roolle, & que la charité ne soit blecee. Les blasmes excessifs sont tousiours pris pour des outrages, & retombent sur les visages de ceux qui les auancent sans acquerir aucune creance de ceux qui les oyent où les lisent, & les loüanges immoderees sont prises pour des flatteries odieuses. Ie ne voudrois donc faire ny l'vn ny l'autre, mais gardant la bienseance de la modestie, loüer ce que l'vn & l'autre ont de bon, sans les

deffendre

deffendre en ce qu'ils ont de reiettable. Que si on me pressoit de dire à quel des deux ie donnerois la preference pour l'elegance des escrits encore dirois-je auecque les Pyrrhoniens ou Sceptiques. Ie ne definis rien, ie ne determine rien, ie ne fay aucun choix, ie ne suis partisan d'aucun, i'ayme l'vn & encore l'autre, mais ie suis encore plus amoureux de ma liberté sans me ranger seruilement sous la seruitude de l'vn de ces deux Maistres. Du temps de l'Empereur Charles Cinquiesme les Estas de Castille s'assemblerent en sa presence & parce qu'il y eut du debat entre les deputez des villes de Burgos & de Tolede à qui parleroient les premiers, celle-là pretendant cette preeminence pour estre capitale de la vieille Castille, & celle-ci pour l'estre de la nouuelle, & comme le siege de la Cour & le centre

X

du Royaume, l'Empereur ordonna que ceux de Burgos parleroient les premiers, & que luy parleroit pour Tolede, de là on jugea qu'il donnoit la preference à celle-ci pour qui il vouloit porter la parolle, & les autres n'oserent parler auant luy, & comme ceux de Burgos attendoient que l'Empereur parlast, & l'Empereur qu'ils haranguassent la premiere seance passa dans le silence auec admiration & risee de tous. Si vous attendez que ie parle en faueur de quelqu'vn de ces chefs de part & d'autre, dont le different est le suiet de nostre conuersation, vous serez sans doute, Messieurs, frustrez en vostre attente, car l'vn & l'autre m'estant en singuliere consideration pour les merites particuliers que ie remarque en leurs escrits, ie puis dire que mon esprit est comme vn balon entre deux beaux ioueurs qui luy font perdre terre. Ie les aime comme Iſaac cheriſſoit Eſau & Iacob, comme Iacob ſes deux femmes & ſes deux enfans, Ioſeph & Benjamin auec vne grande eſgalité d'ame & de cœur. Ie les honore comme deux beaux chandeliers eſclairans au Temple de l'Eloquence, comme deux oliuiers plantez au champ de Minerue, & comme deux perſonnages qui contribuent beaucoup à l'ornement & à la perfection de noſtre langue. De ſçauoir qui a le mieux eſcrit il me ſemble que c'eſt à la poſterité à en iuger, & que c'eſt entreprendre ſur elle que d'anticiper le iugement qu'elle en rendra. Vn iour le Senat de l'Areopage ſe trouuant empeſché à decider vn different fort difficile à deſbroüiller, & qui eſtoit né entre des perſonnes qui tenoient vn rang principal en la Republique, renuoya les parties à comparoiſtre de là à cent ans, sçachant bien qu'en ce temps-là aucun de ceux qui estoient presens ne seroit en vie. Il me semble qu'au fait que nous manions il est besoin d'vn pareil renuoy, & nous serons asseurez que dans ce terme & l'vn & l'autre des contendans perdra sa cause, car n'ayant escrit qu'en nostre langue, pour les idiomes vulgaire le terme de cent ans est vne trop longue vie, de cinquante ans en cinquante ans ils changent presque de visage, ce qui est aisé à verifier par les Autheurs qui ont escrit deuant ce temps & qui sont en nos mains, & dont le stile nous fait plus de pitié que d'enuie. Certes la beauté d'vne langue vulgaire passe presque aussi tost que celle d'vne femme, ce n'est qu'vne fleur aussi-tost esuanouye qu'espanouye, principalement en France ou l'on change plus souuent de mots que d'habits, & ou l'on parle à la mode aussi bien comme l'on s'habille. Et ie ne sçay pas si c'est là ou tendoit Musee dans sa suspension & son indifference, si cela est ie me ioins à luy, & pour reconcilier ces deux braues Champions de Mercure & de Minerue i'embrasse également l'vn & l'autre. Les Poëtes content que Mercure trouuant vn iour deux serpens qui se batoient il les separa auec sa baguette, & les ayant appaisez il les enlassa en son Caducee auecque les deux cornes d'Amalthee Deesse de l'abondance. Si le puissant Caducee de quelque rare esprit pouuoit accommoder le different de Narcisse & de Philarque, ie croy certes que de cette reconciliation nous verrions naitre parmi nos Escriuains cette pureté & abondance de discours qui fait vne des meilleures parties de l'Eloquence. Cependant ie croy qu'il sera besoin en cette contestation de sui-

ure la conduitte de la iustice qui ap-
pointe à escrire, ceux dont les caus[es]
ne se peuuent iuger sur le champ &
qui demandent vne exacte recherche & vne curieuse veuë des pieces iu[s]-
tifiantes. Encore que cela s'appell[e]
allonger les procés & faire comm[e]
ces Medecins qui font durer les maladies pour en tirer plus de profit. E[n]
ce fait ici on auroit à desirer que, (l[a]
haine & la colere bannies) la querelle fust immortelle, parce que ce combat illustreroit nostre langue, &
arriueroit beaucoup de bien au p[u]-
blic de cette noise particuliere. Car
est vray que les esprits picquez
portent à des elleuations qui passe[nt]
l'humaine portee, & conçoiuent d[es]
feux & des lumieres qui ne s'all[u]-
ment iamais en ceux qui sont pose[z]
rassis & sans aucune emotion. C'e[st]
ce qui a fait dire à cet Ancien q[ue]
l'Emulation estoit le plus vif esp[rit]

ron pour faire bondir au chemin de la vertu. C'est aussi ce que le public attend de ces deux galands hommes, Philarque prompt à la course promettant d'examiner vn de ces iours l'Apologie, & si Narcisse luy repart de ne luy garder pas long temps l'examen de sa replique. Et Narcisse mesme qui promet tant d'autres grands Ouurages au monde, ne manquera pas à soy-mesme, & quittera comme l'on void toute autre besoigne pour se purger des accusations de Philarque, & ne laisser point sa reputation au pillage de son aduersaire. La veuë de ces pieces est le commun desir de tous ceux qui se plaisent aux belles Lettres & à la polisseure du langage. Cependant en applaudissant à l'vn & à l'autre comme l'on fait aux theatres affin de les exciter à cet agreable combat, nous leur chanterons cela mesme que la grand Muse des Romains en l'vne de ses Eglogues, disoit à l'auantage de deux Musiciens qui auoient disputé vn prix auec vne égale dexterité, & l'appliquant à nos deux Escrimains, ie leur diray selon le sens de ce diuin Poëte.

Ie vous iuge tous deux dignes de la genisse,

Tant vous estes esgaux en ce bel exercice

De parler & respondre, allez braues guerriers.

Tous deux également couronnez de lauriers

Esleuez nostre langue au plus haut de sa gloire

Et consacrez vos noms au Temple de Memoire.

Critobule ferma de cette sorte son iugement & aussi toute la Conference, tous defferans à son auis auec vn respect incomparable. Le bon fust que les deux partis furent contens, comme me pensans auoir également partagé la victoire par l'approbation commune que Critobule auoit donnee à leurs raisons bien que contraires. Mais mon estonnement ne fust pas petit de voir que sans y penser i'eusse attaint au but ou ce grand personnage auoit donné, & que mon irresolution eust esté suiuie par son suffrage, comme si c'eust esté vne Decision. Quelques-vns desiroient vne determination, mais le téps manquant plustost que la matiere, la partie fut remise à vne autrefois, & parce qu'il estoit tard chacun fut contrainct apres les complimens que la ciuilité apprend de se retirer chez soy dans cette gracieuse incertitude.

A CRITOBVLE.

VOici à peu pres, Critobule, les discours qui se passerent dans

Y

votre Bibliotheque sur ce fameux different des belles Lettres de Narcisse & de Philarque qui a doné matiere d'entretien à tant de langues & d'esprits. I'en ay deschargé ma memoire sur ce papier, partie pour y auoir recours quand le temps auecque son esponge insensible en aura effacé les idees de mon Souuenir, partie pour complaire à votre desir qui me tient lieu de commandement absolu. Vous cognoistrez que i'ay oublié beaucoup de bonnes choses qui furent dittes, & qu'en la place de celles-là qui me sont eschapees i'en ay mis d'autres de mon crû qui sont nees sous ma plume. I'ay tracé tout cela simplement & naïuement & peut-estre grossierement, traittant de l'Eloquence auecque bien peut d'art & d'Elegance, pourueu que vous approuuiez mon obeissance & ma fidelité il m'importe peu d'estre repris de rudesse. Si i'eusse peu arriuer à ce point de varier les entretiens selon la diuersité des stiles & des humeurs de ceux qui parloient i'eusse encore apporté vn grand ornement à cet escrit, mais ny mon esprit, ny ma capacité ne vont pas iusques-là. C'est bien assez pour moy d'auoir pû rapporter au vray les contrepoids des contrarians, les sentimens studieux des contendans, les points principaux debattus en cette dispute, les difficultez proposées en cette consultation, les Antitheses de cette contestation ; en les relisant ie m'asseure que ce diuertissement d'esprit vous semblera agreable. I'en ay fait transcrire quelques copies dont ie vous en enuoye deux, l'vne pour vous comme vn fruit né dans vostre estude, l'autre pour la faire voir à nos amis si vous iugez que cela soit capable de soustenir la lumiere de leur veuë. Vous sçauez que nous sommes l'vn à l'autre vn theatre assez ample, comme disoit le grand Stoique à son Lucille. Ie n'ay pas fait cet escrit pour beaucoup de Lecteurs, vn me suffit nul m'est assez, i'en apprehenderois extremement la publication, & de voir au iour vne piece nee à l'ombre, ne souffrez donc pas que ce qui s'est passé dans les murailles de vostre cabinet se presche sur les toits, ie crains esperdument d'ouir retentir mon nom sur le Pont neuf, & d'acquerir de là reputation parmi les Courtisans de la Samaritaine. Il fait mauuais se commettre à tant de langues & s'exposer au bourdonnement, & mesme aux aiguillons de tant de mousches, il est dangereux, dit le Prouerbe d'irriter des guespes. Il fait mauuais s'attaquer à des Poëtes qui vous donnent aussi-tost en proye aux vers. Et nous auons maintenant vn grand nombre de Poëtes en Prose qui n'ont point de plus grand desir que d'auoir des occasions de faire des combats contre les vns où les autres sous quelque apparente couleur de raison. Ces gens-là ne sont pas moins à redouter, que ceux à la Cour qui demandent des esclaircissemens, & qui se brouillent auec tout le monde. La paix, Critobule, la paix, auec Dieu, auec nous mesmes, auec le prochain, ie ne voudrois pas que la demangeaison d'escrire troublast vn seul moment de mon repos en quoy ie fai consister la felicité de la vie. Ne faittes donc voir cet escrit qu'à des esprits paisibles, non à ces querelleurs & ombrageux, qui s'offencent de tout qui heurtent leurs sentimens, & qui tiennent du naturel de ces femmes qui sont bien aises qu'on leur replique pour auoir occasion de crier tousiours. Nos amis comme vous le sçauez ne sont pas de cette humeur, mais paisibles & traittables, c'est à eux que vous pourrez communiquer cette Conference. Ils la verront d'vn œil doux & gracieux, parce que le Dieu de paix dont ils sont les enfans, conduit leurs iugemens auecque iustice, & leur enseigne ses voyes.

F I N.

Fautes en l'Impreßion.

PAge 2. ligne 6. images lisez riuages, p. 2. l. 21. sortir l. sentir, p 3 l 14. pierres glacées, l. & pures glacées, l. 19. riue, lisez corne, p. 9. l. 8. Salamite lisez Sulamite, l. 13. atriuer lisez animer, p. 10. l. 8. conseruent lisez les conseruent, l. 21. oyseux l. oyseaux, p. 11. l. 3. de tourmente lisez & de tourmentes, l. 17. solité lisez solidité, p. 12. l. 7. deux lisez doux, p. 13. l. 22. euenemens lisez ornemens, p. 15. l. 13. Nector lisez Nestor, p. 16. l. 23. Pollisseme lisez Polisseure.

www.ingramcontent.com/pod-product-compliance
Lightning Source LLC
Chambersburg PA
CBHW072013150426
43194CB00008B/1092